AI중심지
동대문구 장안평 구상

AI 혁명과
AI 일자리

글로벌

발간에 즈음하여

요즘 에너지를 태양광 원자로 운동에너지를 전기에너지로 변환되는 비지니스가 활발하다.

좁은 공간에서 농작물을 24시간 공급하는 스마트팜 비지니스가 활성화 되어 있다. 인간의 수작업을 공장에서 자동화 단계에서 인간지능을 넣어 고부가가치 자동화단계, 모든 학문 변호사, 식당종업원, 요양관리사 등이 인공지능의 AI로 변환되어 혁명이 일어나고있다.

자동차 수십만대를 인간대신 로버트가 척척하는 시대이다.

우리의 나아갈 방향을 고민할 때가 왔다.

처음 컴퓨터 도입시 컴퓨터를 잘 다루는 사람보다 컴퓨터의 의미를 알고 잘 설계하는 소프트웨어가 병행해야 재대로 된 컴퓨터를 작동하였듯이 인공지능 로버트도 마찬가지로 인공지능 소프트웨어 분야를 뒷바침 할수 있는 로버트회로도에 관심을갖고 연구을 매진해야 진짜 인공지능 사업이라 할 수 있다.

미래 시대를 예측하며 매진할 때 경쟁력을 갖게하고 국가발전에 기여할 수 있다.

저자 김 정 수

목 차

제1장 AI
    1. 인공지능(AI)이란 무엇인가요? ·· 8
    2. 인공지능 정의 ·· 8
    3. AI 작동 방식 ·· 8
    4. 인공지능 유형 ·· 9
    5. 인공지능 학습 모델 ·· 9
    6. 일반적인 유형의 인공 신경망 ··· 10
    7. AI의 이점 ·· 11

제2장 A Ω Auto Quant+ 백서(AI혁명과 일자리)
    1. 개요 ·· 14
    2. 필요성 ·· 14
    3. 원리 : 메이저 자금흐름 읽고 대응 ································· 14
    4. 제품별 강점 & 유용성 ·· 15
    5. 성공 사례 ·· 15
    6. 결론 & 향후 로드맵 ·· 16
    7. STO 토큰발행 (부동산순기능활성화) ······························· 16

제3장 일자리 방향
– 로버트가 할 수 없는 맛과 멋의 일자리 창출
    1. 스마트 팜의 현황 ·· 18
    2. 수익형 첨단 스마트팜 ·· 18
    3. 한국 노후 현황 ·· 20

제4장 생각하는사람
    1. 150억 광년 전후 나22 ·· 22

2. 자서전이란 ·· 23
3. 생각하는사람 ·· 25
　3-1 천부경 ·· 25
　3-2 108번회 ··· 28
　3-3 인의예지 ··· 29
　3-4 명심보감 ··· 30
　3-5 사서삼경요약 ····································· 38
　　◈ 사서(四書)
　　　1. 대학(大學) ····································· 38
　　　2. 논어(論語) ····································· 41
　　　3. 맹자(孟子) ····································· 48
　　　4. 중용(中庸) ····································· 49
　　◈ 삼경(三經) -시경(詩經), 서경(書痙), 주역(周易)인 역경(易經)
　　　1. 시경(詩經) ····································· 52
　　　2. 서경(書痙) ····································· 54
　　　3. 주역(周易) ····································· 56
4. 천자문 ·· 59
5. 의회의원 출마 자격요건 ························ 78
6. 공직선거법제6조(기탁큼) ······················ 80
7. 자기소개서
　7-1 자기소개서 ······································· 81
　7-2 자서전 ·· 82
　7-3 이력서 ·· 83
　　　1. 한글 이력서 작성 예문 ················ 83
　　　2. 경력형 이력서 작성 예문 ············ 89
　　　3. 업적형 이력서 작성 예문 ············ 90
　7-4 영문이력서 ······································· 91

제1장 AI

1. 인공지능(AI)이란 무엇인가요?
2. 인공지능 정의
3. AI 작동 방식
4. 인공지능 유형
5. 인공지능 학습 모델
6. 일반적인 유형의 인공 신경망
7. AI의 이점

제1장 AI

1. 인공지능(AI)이란 무엇인가요?

인공지능(AI)은 컴퓨터에서 음성 및 작성된 언어를 확인, 이해, 번역하고 데이터를 분석하며 추천하는 기능을 포함하여 다양한 고급 기능을 수행할 수 있게 해주는 일련의 기술입니다.

AI는 현대적인 컴퓨팅 혁신에서 중추적인 역할을 하며 개인과 비즈니스의 가치를 창출합니다. 예를 들어 광학 문자 인식(OCR)에서 AI를 사용하여 이미지와 문서에서 텍스트 및 데이터를 추출하고 비정형 콘텐츠를 비즈니스에 사용할 수 있는 정형 데이터로 변환하며 가치 있는 유용한 정보를 생성합니다.

2. 인공지능 정의

인공지능은 일반적으로 인간 지능이 필요하거나 인간이 분석할 수 있는 범위를 벗어난 대규모 데이터를 포함하는 방식으로 추론, 학습 및 행동할 수 있는 컴퓨터와 머신을 빌드하는 과학 분야입니다.

AI는 컴퓨터 공학, 데이터 분석 및 통계, 하드웨어 및 소프트웨어 엔지니어링, 언어학, 신경 과학은 물론 철학과 심리학 등 다양한 학문을 포괄하는 광범위한 분야입니다.

비즈니스의 운영 수준에서 AI는 주로 머신러닝과 딥 러닝을 기반으로 하는 기술로, 데이터 분석, 예측 및 예상, 객체 분류, 자연어 처리, 추천, 지능형 데이터 검색 등에 사용됩니다.

3. AI 작동 방식

AI 기술마다 구체적인 내용이 다르지만 핵심 원칙은 데이터를 중심으로 합니다. AI 시스템은 방대한 양의 데이터를 학습하고 개선되어 인간이 놓칠 수 있는 패턴과 관계를 식별합니다.

이 학습 프로세스에는 AI의 분석과 의사 결정을 안내하는 규칙이나 안내인 알고리즘이 포함되는 경우가 많습니다. 널리 사용되는 AI 하위 집합인 머신러닝에서 알고리즘은 라벨이 지정되거나 지정되지 않은 데이터를 학습하여 예측을 수행하거나 정보를 분류합니다.

추가 전문 분야인 딥 러닝은 인간의 뇌 구조와 기능을 모방한 여러 레이어로 구성된 인공 신경망을 활용하여 정보를 처리합니다. AI 시스템은 지속적인 학습과 적응을 통해 이미지 인식부터 언어 번역 등에 이르기까지 특정 태스크를 점점 능숙하게 수행하고 있습니다.

4 인공지능 유형

인공지능은 개발 단계나 수행되는 작업에 따라 여러 가지 방법으로 구성될 수 있습니다.

예를 들어 AI 개발 4단계가 일반적으로 인식됩니다.
반응형 머신 : 사전 프로그래밍된 규칙에 따라 다양한 종류의 자극에만 반응하는 제한된 AI입니다. 메모리를 사용하지 않으므로 새 데이터로 학습할 수 없습니다. 1997년 체스 챔피언인 가리 카스파로프를 이긴 IBM의 Deep Blue가 반응형 머신의 예시입니다.

제한된 메모리 : 대부분의 최신 AI는 제한된 메모리로 간주됩니다. 일반적으로 인공 신경망이나 기타 학습 모델을 통해 새로운 데이터로 학습되므로 시간이 지남에 따라 향상되는 메모리를 사용할 수 있습니다. 머신러닝의 하위 집합인 딥 러닝은 제한된 메모리 인공지능으로 간주됩니다.

마음 이론 : 현재 마음 이론 AI는 존재하지 않지만 가능성에 대한 연구가 진행 중입니다. 이 기술은 인간의 마음을 모방할 수 있고 인간과 마찬가지로 감정을 인지 및 기억하고 사회적 상황에 맞춰 반응하는 등 인간과 동일한 의사 결정 능력을 가진 AI를 설명합니다.

자기 인식 : 마음 이론 AI를 한 단계 더 뛰어 넘는 자기 인식 AI는 자신의 존재를 인식하고 인간의 지적, 감정적 능력을 가진 신화적인 머신을 설명합니다. 마음 이론 AI와 마찬가지로 자기 인식 AI는 현재 존재하지 않습니다.

인공지능 유형을 광범위하게 분류하는 데 더욱 유용한 방법은 머신이 수행할 수 있는 작업을 기준으로 분류하는 방법입니다. 현재 인공지능이라고 하는 모든 것은 프로그래밍과 학습을 기반으로 제한된 일련의 작업만 수행할 수 있다는 점에서 '협소한' 인공지능으로 간주됩니다. 예를 들어 객체 분류에 사용되는 AI 알고리즘은 자연어 처리를 수행할 수 없습니다. Google 검색은 예측 분석 또는 가상 어시스턴트와 마찬가지로 협소한 AI의 한 가지 형태입니다.

범용 인공지능(AGI)은 머신이 인간처럼 '감지, 사고, 행동'할 수 있는 능력입니다. AGI는 현재 존재하지 않습니다. 다음 단계는 머신이 모든 면에서 인간보다 우월한 방식으로 작동할 수 있는 초인공지능(ASI)이 될 것입니다.

5. 인공지능 학습 모델

비즈니스에서 AI를 이야기할 때 '학습 데이터'에 대해 이야기하는 경우가 많습니다. 이는 무슨 의미일까요? 메모리가 제한된 인공지능은 새로운 데이터를 학습하여 시간이 지남에 따라 향상되는 AI입니다. 머신러닝은 알고리즘을 사용하여 데이터를 학습해 결과를 가져오는 인공지능의 하위 집합입니다.

일반적으로 머신러닝에는 세 가지 유형의 학습 모델이 사용됩니다.

지도 학습은 라벨이 지정된 학습 데이터(정형 데이터)를 사용하여 특정 입력을 출력에 매핑하는 머신러닝 모델입니다. 간단히 말해 알고리즘에서 고양이 사진을 인식하도록 학습시키려면 고양이라는 라벨이 지정된 사진을 피드합니다.

비지도 학습은 라벨이 지정되지 않은 데이터(비정형 데이터)를 기반으로 패턴을 학습하는 머신러닝 모델입니다. 지도 학습과 달리 최종 결과를 사전에 알 수 없습니다. 오히려 알고리즘이 데이터에서 학습하여 속성을 기반으로 그룹으로 분류합니다. 예를 들어 비지도 학습은 패턴 일치 및 설명 모델링에 적합합니다.

지도 학습과 비지도 학습 외에도 일부 데이터에만 라벨이 지정된 준지도 학습이라는 혼합 방식이 사용됩니다. 준지도 학습에서는 최종 결과를 알 수 있지만 원하는 결과를 얻기 위해 알고리즘이 데이터를 구성하고 구조화하는 방법을 찾아야 합니다.

강화 학습은 광범위하게 '실행하여 학습'으로 설명할 수 있는 머신러닝 모델입니다. '에이전트'는 성능이 원하는 범위 내에 있을 때까지 시행착오(피드백 루프)를 통해 정의된 태스크를 수행하는 방법을 학습합니다. 에이전트는 태스크를 잘 수행할 때 긍정적인 강화를 받고 제대로 수행하지 않을 때는 부정적인 강화를 받습니다. 강화 학습 예시로는 로봇 손이 공을 잡도록 가르치는 것이 해당됩니다.

6. 일반적인 유형의 인공 신경망

AI의 일반적인 학습 모델 유형은 인간의 뇌를 대략적으로 모방한 모델인 인공 신경망입니다.

신경망은 데이터를 분류하고 분석하는 데 사용되는 컴퓨팅 노드인 인공 뉴런(퍼셉트론이라고도 함) 시스템입니다. 데이터는 신경망의 첫 번째 레이어에 제공되며 각 퍼셉트론에서 결정을 내린 후 이 정보를 다음 레이어의 여러 노드에 전달합니다. 레이어가 3개 넘게 있는 학습 모델을 '심층신경망' 또는 '딥 러닝'이라고 합니다. 일부 최신 신경망에는 레이어가 수백 또는 수천 개 있습니다. 최종 퍼셉트론 출력은 신경망에 설정된 태스크(예: 객체 분류 또는 데이터에서 패턴 찾기)를 수행합니다.

사용할 수 있는 가장 일반적인 인공 신경망의 유형은 다음과 같습니다.

순방향 신경망(FF)은 가장 오래된 형태의 신경망 중 하나로, 데이터는 출력이 달성될 때까지 인공 뉴런층을 통해 한 방향으로 흐릅니다. 현재 대부분의 순방향 신경망은 레이어가 여러 개 있고 '숨겨진' 레이어 두 개 이상 있는 '다층순방향'으로 간주됩니다. 일반적으로 순방향 신경망은 '역전파'라는 오류 수정 알고리즘과 쌍을 이룹니다. 즉, 간단히 말해서 신경망 결과와 함께 시작하여 처음부터 다시 수행해 오류를 찾고 신경망 정확도를 향상시킵니다. 간단하지만 강력한 다수 신경망이 다층순방향입니다.

7. AI의 이점

자동화

AI는 워크플로와 프로세스를 자동화하거나 인간과 별도로 독립적이면서 자율적으로 작업할 수 있습니다. 예를 들어 AI는 네트워크 트래픽을 지속적으로 모니터링하고 분석하여 사이버 보안의 측면을 자동화하는 데 도움을 줄 수 있습니다. 마찬가지로 스마트 공장에는 컴퓨터 비전을 사용하여 공장 작업장을 탐색하거나 제품 결함을 검사하거나 디지털 트윈을 만들거나 실시간 분석을 사용하여 효율성과 출력을 측정하는 로봇과 같이 다양한 종류의 AI가 사용되고 있을 수 있습니다.

제2장 𝐴 Ω Auto Quant+ 백서

1. 개요
2. 필요성
3. 원리 : 메이저 자금흐름 읽고 대응
4. 제품별 강점 & 유용성
5. 성공 사례
6. 결론 & 향후 로드맵
7. STO 토큰발행 (부동산순기능활성화)

제2장 A Ω Auto Quant+ 백서

1. 개요

Cellsoft의 **A Ω Auto Quant+**는 IT, 금융공학, 머신러닝을 결합한 차세대 자동화 퀀트 플랫폼입니다.

코드를 입력하면 주식·ETF·암호화폐 전 영역에서 메이저 자금흐름을 분석, 저평가 발굴부터 최적 타이밍 진입·홀딩·청산 시점을 제공합니다.

2. 필요성

- 정보 비대칭 : 개인 투자자는 매일 수 TB 단위 시장 데이터를 실시간 해석 어려움.
- 감정 편향 : 매매 시 인간의 공포·탐욕 개입으로 손실 확대.
- 속도 경쟁 격화 : 초단타 및 AI 트레이딩 확대, 반응 속도가 곧 경쟁력.
  - 해결 : A Ω Auto Quant+는 24/7 자동 운용으로 데이터 과잉과 감정 리스크를 제거하고, 메이저 자금 흐름을 기반으로 최적 매매 시점을 제시 및 자동화가 가능합니다.

3. 원리 : 메이저 자금흐름 읽고 대응

실시간 데이터 수집 : 호가, 체결, 거래량, 옵션·ETF 미결제약정, 온체인(암호화폐) 데이터 통합.

① 자금흐름 추적
- 호가 스팬 분석 : 호가 창 매수·매도 물량 분포로 주요 기관 매집/청산 포지션 식별.
- 미결제약정 변화 : 옵션·선물 포지션 증감으로 대형 펀드 전략 파악.
- 온체인 이동 : 주요 코인 지갑 주소 이동 감지로 자금 유입·유출 타이밍 예측.

② 알고리즘 엔진:
- 머신러닝 기반 신호 필터링
- 통계적 변동성·상관관계 모델

- 패턴 인식 (헤드앤숄더, 볼린저 밴드 돌파 등)
- 실행 모듈
  - 백테스트로 최적 매개변수 산출
  - 실시간 시뮬레이션 및 오토 익스큐션

4. 제품별 강점 & 유용성

① 주식 황금종목 판독기
- 강점 : 저평가 종목을 가치·성장·위험 통합 점수(RGVI)로 랭킹
  - 메이저 순매수 순매도 상위 종목 실시간 탐지
- 유용성 : 중·장기 포트폴리오 자동 구성
  - 진입·청산 알림과 자동 주문 지원

② 추세·추격·헷지 자동매매
- 강점 : 국내선물옵션·해외선물·ETF별 최적 전략 적용
  - 헷지 비율 자동 계산, 리스크 한도 내 운용
- 유용성 : 단일 화면에서 전략별 성과 모니터링
  - API 연결로 24시간 자동 익스큐션

③ 암호화폐 황금 Coin 판독기
- 강점 : 온체인 빅데이터 분석으로 대규모 지갑 매집 포착
  - 변동성 돌파 및 MFI 기반 다중 필터 적용
- 유용성 : 24/7 시장에서도 감정 배제 자동 운용
  - 진입·청산 조건 커스터마이징 가능

5. 성공 사례

상품	기간	전략	성과
주식 (A종목)	2023.1~2023.6	가치·성장 통합 전략	누적 27.5% 수익
선물옵션 (B전략)	2022.3~2022.12	추세+헷지 자동 운용	손실 최대 2%, 연 15%
암호화폐 (C코인)	2023.5~2023.10	온체인 자금흐름 돌파 전략	샤프비율 1.8 달성

6. 결론 & 향후 로드맵

Cellsoft **A Q Auto Quant+**는 개인·기관 구분 없이 모든 투자자에게 데이터 기반 의사결정과 자동 매매 환경을 제공합니다.

향후 계획:
- AI 강화: 딥러닝 기반 자기학습 엔진 탑재
- 글로벌 확장: 다국적 거래소 연동 및 현지화
- UI/UX 혁신: 통합 대시보드와 음성 알림 기능 추가

Contact: p571l815@gmail.com Website: https://cellsoft.co.kr

7. STO 토큰발행 (부동산순기능활성화)

우리사회의 모순을 가장 효율적으로 해결하는 방법

은행은 순이익이 사상최대 몇십조의 이익을 챙기고 있다. 모든 대출이 보증기금으로 진행되기에 은행은 손해 안본다.

순이익의 50%를 사회에 환원해야 정상이다.

거시적으로 남북통일기금 이나 사회약자를 위한 보험의기능을 시급히 활성화해야한다.

34조시장으로 진단하지만 필자는 5000조기금을 쉽게 사회보험기금으로 진단하고 있다.

자산으로분류되는 부동산을 토큰화해서 누구나 빌딩아파트투자를 소액으로 할수있다면, 무한대기금을 조성해서 소상공인이나 사회공공서비스 사회사업을 정부에서 합법적으로 추진할 수 있다. 생산고용소비사회약자재상프로그램을 아주 절묘하게 해결할 수 있다.

사회문제되는 전세사기 노인요양시설 확충등 돈이 많이들어가는 항목을 K 팝 K 음식 K 방산 K교육 등 확고히 대한민국을 해결할 수 있다.

현금유동성을 강화해서 자금조달로 걱정없이 연구개발 사회를 똘똘뭉치게하고세계속을 한국을 만들 수 있다.

쉽게말해서 부동산을 유동화해서 소액투자자를 시장으로 끌어서 대한민국 최고의 두뇌 아이디어를 실행하는 나라를 만들 수 있다.

문제는 기득권세력 때문에 양극화가 심하고 부의편중이일어나 현금순환을 끌어 보험기능을 강화한다면 강력한 국가를 만들 수 있다.

제3장 일자리 방향

- 로버트가 할 수 없는 맛과 멋의 일자리 창출
1. 스마트팜 현황
2. 수익형 첨단 스마트팜
3. 한국 노후 현황

1. 로버트가 할 수 없는 맛과 멋의 일자리 창출

1. 스마트 팜의 현황

1) 기술 도입 현황

- IOT 및 센터
  온도, 습도, 토양 수분 등을 실시간으로 모니터링하는 IOT 센서가 농장에서 널리 사용
- AI 및 데이터 분석
  AI 기술을 통해 데이터 분석이 이루어지고 있으며, 작물 성장 예측 및 병충해 발생 예측이 가능.

2) 시장 성장

- 글로벌 시장 확대
  스마트팜 시장은 빠르게 성장하고 있으며, 2025년까지 연평균 약 20% 이상의 성장률이 기대됨
- 투자 증가
  정부 및 민간 기업의 스마트팜 관련 투자 증가로 기술 개발과 상용화가 가속화

3) 정책 지원

- 정부의 정책 지원
  여러 국가에서 스마트팜 관련 연구 및 개발을 지원하는 정책을 시행
  예를 들어 한국, 미국, 유럽 등 스마트 농업 관련 보조금 및 연구 개발 지원이 이루어지고 있음.

2. 수익형 첨단 스마트팜

1) 도시형 첨단 스마트팜 도입

- 고양시 지식산업센터 입주업종 고시
  고양시 고시 제2024-190호 스마트팜 수직농장 업종을 신설하여 지식산업센터 입주를 허용함
- 고양시 최초 지식산업센터 스마트팜
  시대를 선도하는 최첨단 지식산업센터에 고양시 최초로 스마트팜 업체와 협업하여 유닛에 맞는 특화 시설부터 운영 설비, 재배, 관리, 안전한 수매 등 One-Stop 서비스를 제공

2) 안전한 투자 환경 제공

- 시설 · 운영 · 판매지원까지 완벽한 플랜
  위탁 운영사의 다년간 스마트팜 운영 및 유통 노하우를 통해 계절 별 최적작물 그리고 안전한 납품처와 다양한 판로를 개척하였으며 앞으로도 지속적인 판매지원 및 컨설팅을 통해 경영리스크 최소화
- 투자 수익
  전용면적 약 25평 당 월 약 900만원의 안정적인 매출과 함께 계약자의 편안한 노후에 기여

3) 미래 농업자의 선구자

- 지속 가능한 핵심 기술
  3세대 스마트팜 기술로 AI, 무인 등이 연구 중이며, 전통 농업 양식에서 첨단 기술 기반 농업으로 변화하는 시대에 맞추어 다가오는 불안정한 미래에 대비할 수 있는 차세대 첨단 산업

3. 한국 노후 현황

1) 초고령화 사회의 집입

- 초고령화 사회
  고령인구 비율이 2025년 전체 인구의 20.3%(KOSS통계)호 전 세계에서 초고령화 사회로 진입하는 속도가 가장 빠른 나라임

2) 프랜차이즈의 몰락

- 3년 못버틴 소상공인 폐업률 40%
  중소기업중앙회 2025년 폐업 소상공인 실태조사 결과
  창업 후 폐업까지 영업 기간은 평균 6.5년, 3년 미만 폐업자 비율은 39.9%에 달한 것으로 조사되었음
- 기대에 못미치는 수익구조
  저가 커피 전문점 창업비용 약 3억원(임대료 보증금 및 권리금 포함)
  점주 월 수익 약 150~200만원 수준(일 평균 10시간 근무)
  1년 내 폐업율 약 15.7%로 투자금 대비 현저히 낮은 수익구조

3) 이제부터는 100세 시대

- 100세 시대를 맞이하며
  한국 2060년 기대수명 약 90세로 조사(KOSS 통계
  앞으로는 '나' 와 '내자식') 의 안정적인 노후를 위한 안정적익 수익구조를 만들지 않으면 먹고 살기 어려운 시대가 도래 할 것으로 예측됨

제4장 AI

1. 150억 광년전후 나
2. 자서전이란
3. 생각하는 사람
   - 3-1 천부경
   - 3-2 108번뇌
   - 3-3 인의예지
   - 3-4 명심보감
   - 3-5 사서삼경요약

1. 150억 광년전후 나

1억 광년은 7조 km 100억 광년은 700조 km 1000억 광년은 7000조km 빛의 속도로 측정한 광년이다.

지금까지는 무한대 거리가 우주의 거리인데 150억 빛의 속도로 가면, 150억 년 전으로 돌아갈 수 있는데 지구에서 인생은 고작 80세에서 90세이다.

엄청난 경쟁으로 지구에 잠깐 왔다 가는 인생이고 앞으로 수천억 광년 후에 다시 돌아올 수 있다

이왕 사는 것 의미 있게 살다가 죽는 것이 인생이 아니겠는가?
우주(하늘) 땅 그리고 인간으로 관계이기도 하다.
수천 조 이상의의 별 가운데 지구에 잠깐 왔다가는 것이 인생 아니겠는가?
지구에 때어나 우주의 고향으로 가는 건데 무엇 때문에 아등바등 살아야 하나?
우주께서 어떻게 살아야 진실한 인생을 살 수 있을까?

우리는 진정 우주를 사랑한다면 지구에서 우주님께서 가르친 교훈을 저버리면 우주 질서를 파괴하는 것이다.

소중한 나를 기록하고 객관적으로 평가하여 인류의 빛이 되어야 한다.

살아온 가치를 글로 표현하여 우주 속에 나를 바라볼 수 있는 시간을 가져야 자신이 살아가야 할 가치를 구현할 수 있다.

2. 자서전이란

    자서전은 자기 자신의 인생을 책으로 엮어서 낸 것이다. 넓은 의미에서는 일기나 자신과 관련한 서간문도 자서전의 범주에 넣기도 한다. 윈스턴 처칠의 〈2차 세계대전 회고록〉같이 자신의 인생에만 초점을 맞추지 않고 자신이 살아온 시대를 전반적으로 반영하며 쓰는 경우는 회고록이라고 부르며, 일반적으로 명확한 기준은 없다. 보통은 인생의 말년에 자신의 생애를 돌아보며 쓰는 것이 대부분이지만 자기 자신의 입장에서 쓰는 것이기 때문에, 미화나 날조 등이 굉장히 많은 것도 있다.

    자서전은 자신의 입장만 반영되어 있고, 자신의 기억에 의존하기 때문에 자서전에 비해서는 다른 사람의 '평전'이 산술적인 확률로는 자서전에 비해 객관성이 있다고는 볼 수 있다. 또한 선거나 중요한 정치 행사를 앞두고 보여주기와 정치자금획득을 위한 출판기념회용으로 내는 경우도 있어서 이 또한 비판을 받기도 한다. 책을 팔아 얻은 수익이나, 출판기념회에서 받은 축의금은 정치자금에 들어가지 않기 때문이다. 기업들은 울며 겨자먹기로 몇백 부씩 사 주고 기념회에 사람도 보내고 한다.

    하지만 자서전이라도 다 거짓말이나 미화, 날조로 점철된 것은 아니다. 자서전도 그 사람의 인격이나 필력에 따라 차이가 강해서, 좋은 자서전은 문학적인 가치 및 그 사람의 일면에 대해 배울 수 있는 양질의 서적 또한 존재한다. 그리고 쓰는 사람 입장에서도 꼭 자신을 미화나 변명하려고 하는 것만은 아니고 자신의 인생을 정리하고 회고하게 하는 역할을 하기도 한다. 다른 사람이 쓰는 평전이 자서전에 비해 객관성이 있다고는 해도 평전에도 미화나 과장, 비약은 다 있고 오히려 한 사람을 지나치게 찬양하거나 지나치게 비판하는 쪽으로 나가다가 자서전보다 객관성을 상실하는 경우도 많다. 평전이 객관성 측면에서 낫다는 것도 사실 시야의 차이에 기인하기 때문이다. 당연히 저자가 작정하고 왜곡해서 쓰면 자기 미화 자서전 만큼이나 거짓말 덩어리가 될 수 있다.

    대표적으로 2차 대전 이후 독일 국방군 장성들, 특히 에리히 폰 만슈타인의 자서전은 독일군이 나치 범죄와 무관하다는 국방군 무오설의 핵심적인 텍스트로 작용했다. 마찬가지로 파울 하우서를 비롯한 무장친위대 상조협회의 회원들이 저술한 회고록들은 무장친위대 무오설의 중심이 되었다. 회고록을 통해 독일 장군들은 자신들의 죄를 감경하고 오히려 군사적 명성을 얻어냈다.

또한 난중일기는 충무공 이순신 본인이 작성했음에도, 그 어느 기록들보다도 가장 충무공을 냉정하게, 비판적으로 바라봤다는 평가를 받는다.

다만 미화와 날조로 점철된 자서전이라고 해도 나름대로 가치가 있다. 저자가 어떤 사상을 가지고 행동을 했는지 파악하는 완벽한 자료이기 때문이다. 일례로 아돌프 히틀러의 나의 투쟁의 경우, 책 자체로만 보면 왜곡과 자기미화는 물론 문장의 기본도 안 되어 먹은 불쏘시개지만 당시 히틀러의 사상을 파악할 수 있다는 점에서 나치즘 연구에 가장 중요한 연구 자료로 활용되고 있다. 노태우의 경우 직선제 당선 등으로 반란군 이미지가 많이 희석되어 있었지만, 본인을 미화할 목적으로 내놓은 자기회고록이 오히려 전두환 못지않은 선민사상과 반민주주의로 무장한 반란 수괴였다는 사실을 상기시켜 주는 자폭을 했다.

윈스턴 처칠은 자서전을 통해 노벨문학상을 수상한 경력도 있다. 하지만 노벨상이 열강의 파워게임 의혹을 받는다고 본다면 그 가치는 글쎄. 차라리 회고록이 더 가치가 있다.

문자 그대로 본인이 스스로 쓰는 것이 자서전이지만, 정작 현실에서는 본인이 쓰는 것이 아니라 다른 사람이 가필 혹은 내용을 삭제하거나 다른 문필가가 자서전을 쓰려는 사람에게 인생을 구술받아서 내용을 정리, 교정한 후 책으로 내는 경우도 있다. 임요환의 자서전 나만큼 미쳐봐가 그런 방식으로 저술되었고, 맬컴 엑스의 자서전도 앨릭스 헤일리가 맬컴의 구술을 토대로 저술한 것이다. 전직 영국 총리의 자서전 작가와 관련된 사건을 다룬 유령 작가라는 작품도 있다. 음모론적인 이야기를 담은 스릴러물이며, 소설로 출간된 후에 영화화 되었다. 전직 수상 역에 피어스 브로스넌, 작가 역에 이완 맥그리거. 이럴 경우 '자서전'인데도 불구하고 본인이 그 내용을 모르는 경우가 있다. 대표적으로 정몽규는 '축구의 시대'라는 자서전을 냈는데, 2024년 대한축구협회 등에 대한 현안질의에서 이 책 속의 내용을 모르고 있는 듯한 모습을 보이면서 대필 의혹도 나오고 있다.

정치인들이 정치자금 확보를 위해 자서전을 내놓는 경우도 있다. 국가를 불문하고 정치인들이 자서전 냈다고 하면 이것이 목적이라고 생각하면 된다. 당연히 자기 미화와 변명이 가득찬 불쏘시개가 대부분이라 극성 지지자들이 아닌 이상 아무도 사지 않으며, 대부분 기업체 같은 곳에서 정치자금을 우회 납부하고자 대량 구매한다.

3. 생각하는 사람

3-1 천부경

一始無始一析三極無	일시무시일석삼극무
盡本天一一地一二人	진본천일일지일이인
一三一積十鉅無匱化	일삼일적십거무궤화
三天二三地二三人二	삼천이삼지이삼인이
三大三合六生七八九	삼대삼합육생칠팔구
運三四成環五七一妙	운삼사성환오칠일묘
衍萬往萬來用變不動	연만왕만래용변부동
本本心本太陽昻明人	본본심본태양앙명인
中天地一一終無終一	중천지일일종무종일

9x9의 격자 안에 배열된 전문.

一始無始一 析三極 無盡本	일시무시일 석삼극 무진본
天一一 地一二 人一三	천일일 지일이 인일삼
一積十鉅 無匱化三	일적십거 무궤화삼
天二三 地二三 人二三	천이삼 지이삼 인이삼
大三合六 生七八九	대삼합육 생칠팔구
運三四 成環五七 一妙衍	운삼사 성환오칠 일묘연
萬往萬來 用變不動本	만왕만래 용변부동본
本心本 太陽昻明	본심본 태양앙명
人中天地一 一終無終一	인중천지일 일종무종일

일반적으로 받아들여지는 끊어 읽는 방식.

〈 본문해석 〉

하나(一)는 시작하나 시작함이 없는 하나(一)이다. [존재의 양면성 동시성. 양자물리학에서의 빛이 입자이면서 파동이기도한 바로 그성질. 불교에 있어서의 색이 공이고 공이 색인 바로 그성질. 도교에 있어서 태극은 바로 무극인 그 성질.]

삼극(三極)으로 나누어지되 그 근본은 다함이없다.

하늘 하나가 (그 삼극중의) 하나요, 땅 하나는 (그 삼극중의) 둘이요, 사람 하나가 (그 삼극중의) 셋이다

하나(一)가 크게, 또는 완전히 쌓이되(積十鉅) 그 끝없이, 또는 한없이(無궤)삼극으로 화하며 쌓인다. [즉 천지인삼극이 모여 대삼중 대천을 이루고 또 천지인 삼극이 모여 大三中 대지를 이루고 마찬가지로 대삼중 대인도 이루어진다. 이렇게 대삼극이 되는것이 궤 없이, 또는 끝없이, 영어로는 unlimited 하게 이루어진다.]

하늘이 둘인 삼극이고 땅이 둘인 삼극이며 사람이 둘인 삼극이라.

[천(천,지,인) 지(천,지,인) 인(천,지,인) = 大三 즉 大天속에 천지인 일극이 각 있으니 천이 두개인 천이삼이 되는 것이고 또한 大地속에도 천지인 각 일극이 있으니 지가 두개인 지이삼인것이고 大人역시 인이 두개인 인이삼인 것이다. 이것이 무엇을 말하는 것이냐면 삼극이 쌓여 대삼으로 계속 되어가면 각 극은 그 극의 성질이 더 한층 강화된다는 것을 숫자로 나타낸 것이다 . 끝없이 대삼으로 쌓여 나가면 결국엔 맨나중의 남는 대삼의 성질은 각각 天∞三 地∞三 人∞三 이 될것이다. 천무한대삼은 하느님이 될 것이고 , 지무한대삼 지황이 될것이고 인무한대삼은 인황이 될것이다.]

큰 삼극이 합하여 여섯이 되고 일곱·여덟·아홉을 내며 셋·넷을 운용하여 다섯·일곱과 고리를 이룬다. (이렇게 고리를 이루면)

하나(一)는 묘하게 넓어 만물이 오고간다. [삼사가오칠과고리를 이루면 하나속에 소삼과 대삼이 같이 공존하게되니 하나가 나뉘어지든 쌓이게되든 서로가 단절된. 또는 개개로 따로 떨어진 극이 아니라 소통하는 극이 되는 것이다. 그래서 하나는 묘하게 넓으며 만왕만래인 것이다.]

쓰임은 변화하나 근본엔 변동이 없다.

근본의 핵심근본은 또는 근본중의 근본(본심본)은 태양이 높이 떠 빛나는 것이다(광명. 태양이 근본이 아니고 태양이 발하는 빛이 근본이다). 사람속에 천지일극이 있는 것이다.

하나(一)는 마치나 마침이 없는 하나(一)이다.

천부경을 요약하면 세상 모든 우주만물은 시작도,끝도없는 최초의 하나에서 비롯되어 천지인 삼극으로 積析되어 이루어지며, 그 根本은 태양앙명(光明.빛.환함.)이다.사람에게는 천지일극이있다와 같이 된다. 최초의 시작도 끝도없는 하나는 천부경에 써있는 순서대로 보면 천극이며, 그 천극중의 지극한 천극은 바로 하느님이고 이세상 우주만물은 바로 하느님에게서 부터 시작된다는 논리로 맺어진다. 地皇 人皇도 다 天皇(하느님)에게서 나온것이다. 이와같은 내용은 삼일신고에 잘 설명 되어져 있다.

천부경 해석에 있어서 한가지 주의할점은 천부경을 절대로 음양오행설에 근거한 주역이나 기타 기존 동양학의 음양설로 해석 하려면 안된다는 것이다. 천부경의 핵심 우주관은 음양에 중성인자가 더해진 삼일사상이므로 음양이원설로는 절대 설명이 안된다.
현대의 물리학은 물질의 가장 작은 기본 단위인 원자조차도 양자 전자 중성자로 이루어졌다고 알려주고있다. 이는 천부경의 핵심사상과도 일치한다. 또한 천부경은 환인시대의 경전이라고 일컬어지고 있으므로 단군시대의 요임금이 주창한 음양오행설로 천부경을 이해하려는것은 천부당만부당한것이다. 신라 충신 박제상공이 지으셨다고하는 부도지에도 요가 주창한 음양오행설은 마고시대의 오미의변과 같은 동급의 변고로 취급하여 오행의변이라 하셨고 인류의 두번째 재난이라 하셨다. 그러한 이단잡설로 천부경을 해석하려는것은 엄청난 모욕이고 불경인것이다.

이상 81자(가로 9자x세로 9자)가 전문인데, 세상의 모든 이치와 우주의 법칙을 담았다고 한다. 농은유집본에서는 저 중 몇 글자가 다르다. 원문은 끊어읽기가 되어 있지 않기 때문에, 끊어 읽는 방식이 종단이나 연구자마다 천차만별이다. 예컨대, 전병훈이 최초로 소개한 주해에서는 다음과 같이 끊어읽었다.

一始無始, 一析三, 極無盡, 本天一一, 地一二, 人一三, 一積十鉅, 無匱化三, 天二三, 地二三, 人二三大三合六, 生七八九, 運三四成環, 五七一妙衍, 萬往萬來, 用變不動本, 本心本太陽昂明, 人中天地一一終, 無終一。

이유립의《천부경도해》에 실린 끊어읽기는 아래와 같다.
一始無, 始, 一。
析三, 極無, 盡本。

天一一, 地一二, 人一三。
一積十鉅, 無匱化三。
天二三, 地二三, 人二三。
大三合六。
生七八, 九運三, 四成環。
五七一, 妙衍, 萬往萬來, 用變, 不動本。
本心, 本太陽, 昂明, 人, 中天地, 一。
一終無, 終, 一。

3-2 108번뇌

첫째는 눈·귀·코·혀·피부·뜻의 육근(六根)과 이 육근의 대상이 되는 색깔·소리·냄새·맛·감각·법(法)의 육진(六塵)이 서로 작용하여 일어나는 갖가지 번뇌에 대한 산출법이다.

육근이 육진을 접촉할 때 각각 좋고[好], 나쁘고[惡], 좋지도 싫지도 않은[平等] 세 가지 인식작용을 하게 되는데, 이것이 곧 3×6=18의 십팔번뇌가 된다. 또, 이 호·오·평등에 의거하여 즐겁고 기쁜 마음이 생기거나[樂受], 괴롭고 언짢은 마음이 생기거나[苦受], 즐겁지도 괴롭지도 않은 상태[捨受]가 생기기도 한다.

이 고·낙·사수의 삼수(三受)를 육근과 육진 관계에서 생겨나는 육식(六識)에 곱하면 역시 십팔번뇌가 성립된다. 이와 같은 36종의 번뇌에 전생·금생·내생의 3세를 곱하면 108이 되어 백팔번뇌의 실수를 얻게 된다는 것이 일반적인 풀이이다.

두번째의 산출법은 보다 깊은 교리적인 해설이 요구된다. 이 산출법은 어떻게 수행을 해서 번뇌를 원천적으로 제거할 것인가 하는 수행 실천의 문제를 잘 풀이해 주고 있다. 이것은 사고의 영역에 속하는 번뇌요, 실천의 영역에 속하는 번뇌를 근거로 하는 산출법이다.

곧, 견혹(見惑)인 88사(使) 번뇌와 수혹(修惑)인 10혹(惑) 번뇌에는 십전(十纏)의 번뇌를 더하여 얻는 백팔번뇌설이다. 견혹이란 사고·지식·인식 작용에 바탕을 둔 번뇌를 뜻한다.

여기서의 견(見)은 지혜로 얻은 지식 내용을 뜻하며, 혹은 번뇌의 다른 이름으로서 지혜로 제거할 수 있는 번뇌, 올바른 지혜를 가로막는 번뇌란 뜻으로 지어진 이름이다.

다시 말하면, 지금 가지고 있는 소견이 잘못된 것인 줄만 깨달으면 곧 없어지는 번뇌이며, 보기만 바로 보면 곧 해탈된다는 뜻을 가진 번뇌이므로 '견도소단혹(見道所斷惑)'이라고 일컬어지고 있다.

이에 대해 사혹은 정서적·의지적·충동적 번뇌로서, 그 번뇌의 성질이나 내용을 알았다고 해서 곧 바뀌어지지 않는 번뇌이다. 돈이나 명예나 이성에 대한 탐욕이 바람직하지 못한 줄도 알고 있고, 시기·질투가 나쁜 줄 알면서도 아는 것과는 달리 그러한 심리작용이나 습관이 일시에 제거되지 않는 것과 같다.

그러므로 표면상으로는 견혹이 강력한 영향력을 행사하는 반면, 사혹은 정신의 이면에 깊은 뿌리를 내리고 내재하여 인간의 생을 이끌어가는 번뇌로서 좀처럼 끊어지지 않는 성격을 가지고 있다. 거울의 때를 닦고 칼을 숫돌에 갈듯이 점차로 끊어야 한다는 뜻에서 사혹을 '수도소단혹(修道所斷惑)'이라고 하는 까닭도 여기에 있다.

이 견혹의 88가지에 사혹의 10가지를 합해 98가지가 되고, 여기에 탐심과 진심(瞋心)과 치심(癡心)의 근본 번뇌에서 일어나는 10가지 부수적인 번뇌를 더하여 백팔번뇌가 되는 것이다.

3-3 인의예지

仁
◆ 어질인,
어진 이, 사람, 사람의 마음, 모든 덕(德)의 총칭
집안에 여자가 있다는 의미에서 '편안하다'로 많이 알려져 있지만 다른 학설로 '제사 장소의 무녀(巫女)'라는 뜻으로 제사의 순조로운 진행의 의미에서 '편안하다' 뜻의 생성으로 봄

義
◆ 옳을 의
옳다,의(義) , 뜻, 은혜, 의협
羊(양)과 我(아)의 결합으로 순수하고 깨끗한 양과 같은 동물의 결정체를 자신에게 비유해 바르고 깨끗한 '정의', '옳다' 등의 의미 생성

禮
◆ 예도 례
예도, 예법, 예식, 예물, 음식 대접
신에게 섬기는 도리에서 '사람이 행해야 할 중요한 도리'인 '예도(禮度)'의 의미

智
◆ 슬기 지 , 지혜 지
슬기, 슬기롭다, 꾀, 지혜로운 사람, 알다
알고 있는 것[知]을 겉으로 표현한다는 의미에서 '슬기', '지혜'의 의미 생성. 日은 '해'가 아니라 '말하다'는 '白(백)'의 의미로 사용된 것임

3-4 명심보감

명심보감 명언 50개

명심보감 명언을 보며 마인드셋을 하는 시간을 가져보겠습니다. 명심보감(明心寶鑑)은 조선시대 성리학자 강항(姜沆)이 편찬한 명언집입니다. 도덕적 삶과 인간의 심성을 바르게 하는 데 중점을 둡니다. 아래는 '명심보감'에서 발췌한 주요 명언들입니다.

"정직이 최상의 도리이다."
 - 정직함은 모든 덕목 중에서 가장 중요하다는 의미입니다.

"자신을 돌아보는 것이 가장 큰 공부이다."
 - 자기 자신을 성찰하는 것이 학문과 도덕의 근본이 된다는 뜻입니다.

"노력 없이 얻는 것은 없다."
 - 성공과 결과는 노력 없이는 얻을 수 없다는 의미입니다.

"겸손이 자기를 높이는 길이다."
 - 겸손한 자세가 자신을 더욱 높이고 존경받게 만든다는 의미입니다.

"화를 내면 자신의 마음이 먼저 상한다."
 - 분노를 내는 것이 자신에게 해를 끼친다는 의미입니다.

"어떤 일에든 정성을 다하면 성공한다."
- 모든 일에 성심을 다하면 성공할 수 있다는 의미입니다.

"거짓말은 언젠가 드러난다."
- 진실하지 않은 말은 결국에는 들통나게 마련이라는 의미입니다.

"스스로의 한계를 알고 교만하지 말라."
- 자신의 능력이나 한계를 이해하고 교만하지 말라는 교훈입니다.

"부유함보다 더 중요한 것은 품위이다."
- 물질적인 부보다 도덕적 품위가 더 중요하다는 의미입니다.

"남의 잘못을 지적하기 전에 자신의 잘못을 먼저 반성하라."
- 남을 비판하기 전에 자기 자신을 돌아보고 반성하라는 의미입니다.

"말은 행동의 그림자이다."
- 말은 실제 행동을 반영하며, 그 행동이 중요하다는 의미입니다.

"학문과 도덕은 서로 어울린다."
- 학문과 도덕은 서로 연결되어 있으며, 함께 성장해야 한다는 의미입니다.

"배움은 나이를 가리지 않는다."
- 지식과 배움은 나이에 상관없이 계속될 수 있다는 의미입니다.

"자신의 마음을 다스리는 것이 가장 큰 일이다."
- 자신의 마음을 조절하고 다스리는 것이 인생에서 가장 중요한 일이라는 뜻입니다.

"어려움이 닥치면 겸허하게 대처하라."
- 어려운 상황에서도 겸손한 자세로 대처하라는 교훈입니다.

"사람은 먼저 자기 자신을 사랑해야 한다."
- 자신을 사랑하고 존중하는 것이 다른 사람을 사랑하는 기본이 된다는 의미입니다.

"신뢰가 쌓이면 성공이 따른다."
- 신뢰를 쌓는 것이 성공을 이끄는 중요한 요소라는 의미입니다.

"가장 큰 재산은 올바른 인격이다."
 – 물질적인 재산보다 올바른 인격과 품성이 더 중요하다는 의미입니다.

"시작이 반이다."
 – 모든 일의 시작이 중요하며, 시작하면 절반은 이룬다는 의미입니다.

"천천히 가도 멀리 간다."
 – 서두르지 않고 꾸준히 나아가면 목표를 이룰 수 있다는 의미입니다.

"자신의 행동이 남에게 미치는 영향을 항상 생각하라."
 – 자신의 행동이 타인에게 어떤 영향을 미칠지를 고려해야 한다는 교훈입니다.

"성공에는 자수성가가 가장 중요하다."
 – 성공은 자력으로 성취하는 것이 가장 가치가 있다는 의미입니다.

"과거를 반성하고 현재를 살라."
 – 과거의 경험을 돌아보고 현재를 성실히 살아야 한다는 교훈입니다.

"불만을 갖기 전에 먼저 감사하라."
 – 불만보다는 감사의 마음을 갖는 것이 중요하다는 의미입니다.

"자신의 뜻에 따라 행동하되, 남의 뜻도 존중하라."
 – 자신의 의사에 따라 행동하면서도 다른 사람의 의견을 존중하는 것이 중요하다는 의미입니다.

"매일매일 성실히 노력하라."
 – 매일 성실하게 노력하는 것이 성공의 열쇠라는 의미입니다.

"자기 자신에게 진실하라."
 – 다른 사람에게 진실하기 전에 자기 자신에게 진실하라는 교훈입니다.

"단기적인 성공보다는 장기적인 안정이 중요하다."
 – 단기적인 성과보다 장기적인 안정과 성장이 더 중요하다는 의미입니다.

"겸손한 자세가 사람을 성장시킨다."
 – 겸손한 태도가 사람을 성장시키고 발전시킨다는 의미입니다.

"행동은 마음에서 시작된다."
- 모든 행동은 마음에서 시작되며, 마음가짐이 중요하다는 의미입니다.

"선한 행동이 선한 결과를 낳는다."
- 선한 행동은 긍정적인 결과를 가져온다는 의미입니다.

"진실한 마음이 가장 강력한 무기이다."
- 진실한 마음과 정직함이 가장 강한 힘을 가진다는 의미입니다.

"어려운 상황에서의 인내가 중요하다."
- 어려운 상황에서도 인내하며 견디는 것이 중요하다는 교훈입니다.

"소중한 것을 지키는 것이 가장 큰 목표이다."
- 소중한 것들을 지키고 보호하는 것이 가장 중요한 목표라는 의미입니다.

"아는 것과 행하는 것은 다르다."
- 지식과 실제 행동은 다르며, 행동이 중요하다는 의미입니다.

"행복은 외부에서 오는 것이 아니라 내부에서 찾아야 한다."
- 진정한 행복은 외부 환경이 아니라 자신의 마음에서 오는 것이라는 의미입니다.

"정확한 판단이 가장 중요한 덕목이다."
- 올바른 판단과 결단이 가장 중요한 덕목이라는 의미입니다.

"과거의 경험에서 배우고 현재를 개선하라."
- 과거의 경험을 통해 현재를 더 나아지게 하는 것이 중요하다는 의미입니다.

"스스로를 믿고 최선을 다하라."
- 자신을 믿고 최선을 다하는 것이 성공의 열쇠라는 교훈입니다.

"자신의 장점을 살리되 단점을 보완하라."
- 자신의 강점을 잘 활용하면서도 단점을 보완하는 것이 중요하다는 의미입니다.

"진정한 리더는 자신의 행동으로 본을 보인다."
 - 좋은 리더는 자신의 행동으로 다른 사람들에게 본을 보인다는 의미입니다.

"이해와 용서가 진정한 화해를 이끈다."
 - 이해와 용서가 진정한 화해를 이루게 한다는 의미입니다.

"자신의 가치와 신념을 지키라."
 - 자신의 가치관과 신념을 지키는 것이 중요하다는 교훈입니다.

"행동으로 진심을 보여라."
 - 자신의 진심을 행동으로 표현하라는 의미입니다.

명심보감 명언에 대해 알아봤습니다. 명심보감 명언을 다시 한 번 읽어보세요. 그리고 또 읽어보세요. 여러 번 읽다 보면 본인에게 가장 인상 깊은 명언이 무엇인지 알 수 있습니다.

그 명언대로 살아보시길 바라고 그로 인해 인생이 바뀌길 바랍니다.

인생 명언 100개(힘들 때 꼭 보세요)
인생 명언 100개입니다. 마인드셋을 하셔야 하는 분들은 꼭 읽어보시고 많은 도움을 얻길 바랍니다. 또한 힘든 시기를 보내는 분들에게 큰 힘이 될 수 있는 내용이니 끝까지 꼭 읽어보시길 바랍니다.

"현재에 충실하라. 행복은 여기에 있다." - 테레사 수녀
"변화는 삶의 법칙이다. 과거와 현재만을 바라보는 사람은 미래를 놓칠 것이다."
 - 존F. 케네디

"성공은 실패를 거듭하면서도 열정을 잃지 않는 것이다." - 윈스턴 처칠
"어디를 가든지 마음을 다해 가라." - 공자
"기회는 일하는 중에 온다." - 토마스 에디슨
"어려움 속에서도 기회를 찾는 것이 진정한 지혜다." - 알베르트 아인슈타인
"자신을 믿어라. 그러면 세상이 너를 믿을 것이다." - 에밀리오 자파타
"가장 어두운 시간은 새벽 직전이다." - 토머스 풀러

"당신이 꿈꾸는 것을 이루려면 먼저 깨어나야 한다." - 무명
"작은 일이 쌓여 큰 일이 된다." - 레오나르도 다 빈치
"실패는 성공으로 가는 계단이다." - 에이브러햄 링컨
"꿈을 이루기 위해서는 먼저 꿈을 꿔야 한다." - 무명
"기회는 준비된 자에게 온다." - 세네카
"성공은 결코 우연이 아니다." - 아리스토텔레스
"행복은 자기 자신과의 싸움에서 승리하는 것이다." - 무명
"모든 위대한 일은 작은 시작에서 비롯된다." - 세르반테스
"인생은 자기 자신을 찾는 것이 아니라 만들어가는 것이다." - 조지 버나드 쇼
"지식은 힘이다." - 프랜시스 베이컨
"성공은 끈기와 인내의 결과다." - 찰스 디킨스
"무엇이든 할 수 있지만, 모든 것을 할 수는 없다." - 데이비드 앨런
"모든 것은 마음먹기에 달려 있다." - 셰익스피어
"성공은 일관성과 노력의 산물이다." - 베토벤
"오늘 할 수 있는 일을 내일로 미루지 마라." - 벤자민 프랭클린
"성공은 준비된 마음에 기회를 더한 것이다." - 조지 워싱턴 카버
"열정은 재능을 이긴다." - 무명
"위대한 일을 이루려면 행동뿐만 아니라 꿈도 가져야 한다." - 아나톨 프랑스
"성공은 끝이 아니라 시작이다." - 헨리 포드
"변명 중 가장 어리석은 것은 '시간이 없어서'이다." - 토마스 에디슨
"모든 위대한 변화는 한 사람의 결심으로 시작된다." - 마가렛 미드
"기회는 찾아오는 것이 아니라 만드는 것이다." - 무명
"배움에는 끝이 없다." - 무명
"성공은 실패를 넘어설 때 찾아온다." - 헨리 포드
"행동이 말을 대신하게 하라." - 윌리엄 셰익스피어
"꿈은 이루기 위해 있는 것이다." - 무명
"성공의 비밀은 목적에 있다." - 헨리 포드
"마음을 여는 것이 가장 큰 용기다." - 무명
"인내는 쓰지만 그 열매는 달다." - 장 자크 루소
"작은 일도 소홀히 하지 마라." - 무명

39 ."목표를 높게 설정하라. 그렇지 않으면, 적어도 낮게 달성할 것이다." - 미셸 앙리

"모든 행동에는 결과가 있다." - 무명

"작은 변화가 큰 차이를 만든다." - 무명

"삶은 도전이다. 도전하지 않으면 얻는 것도 없다." - 무명

"행복은 순간의 만족이 아니라 지속적인 성취에서 온다." - 무명

"성공은 자신을 믿는 것에서 시작된다." - 무명

"당신이 다른 사람을 용서할 때, 당신은 그 사람을 자유롭게 하는 것이 아니라 자신을 자유롭게 하는 것이다." - 오프라 윈프리

"실패는 또 다른 기회의 시작이다." - 무명

"계획이 없으면 목표도 없다." - 무명

"다른 사람들이 실패한 곳에서 배우는 것이 더 낫다." -워렌 버

"당신이 불행한 이유는 다른 사람이 당신의 삶을 대신 살아주길 기대하기 때문이다." - 오프라 윈프리

"꿈을 이루기 위해서는 용기가 필요하다." - 무명

"자신에게 충실하라. 그러면 세상이 충실할 것이다." - 무명

"한 걸음 한 걸음이 멀리 간다." - 무명

"모든 성취는 작은 시작에서 시작된다." - 무명

"변화는 새로운 기회를 만든다." - 무명

"노력의 결과가 성공이다." - 무명

"꿈을 크게 가지되, 그 꿈을 실현하기 위해 작은 단계부터 시작하라." - 오프라 윈프리

"모든 것은 노력에 달려 있다." - 무명

"지금 하는 일이 미래를 만든다." - 무명

"실패는 성공의 씨앗이다." - 무명

"행복은 순간의 만족이 아니라 지속적인 성취에서 온다." - 무명

"지금 이 순간에 충실하라." - 무명

"노력 없이는 아무 것도 얻을 수 없다." - 무명

"자신에게 충실하라. 그러면 세상이 충실할 것이다." - 무명

"당신이 가진 것을 감사하면, 더 많은 것을 갖게 될 것이다. 불평하면, 당신에게 없는 것만 보이게 될 것이다." - 오프라 윈프리

"모든 일은 처음이 가장 어렵다." - 무명

"작은 승리들이 큰 성공으로 이어진다." - 무명

"행복은 순간의 만족이 아니라 지속적인 성취에서 온다." - 무명

"노력 없이는 아무 것도 얻을 수 없다." - 무명

"꿈을 이루기 위해 가장 중요한 것은 끝까지 포기하지 않는 것이다." – 일론 머스크
"성공은 준비와 기회가 만나는 지점이다." – 오프라 윈프리
"미래를 예측하는 가장 좋은 방법은 그것을 창조하는 것이다." – 피터 드러커
"희망은 절망보다 강하다." –아리스토텔레스
73 "진정한 친구는 당신이 혼자일 때 찾아온다." – 아인슈타인

인생 명언 100개입니다. 마인드셋을 하셔야 하는 분들은 꼭 읽어보시고 많은 도움을 얻길 바랍니다. 또한 힘든 시기를 보내는 분들에게 큰 힘이 될 수 있는 내용이니 끝까지 꼭 읽어보시길 바랍니다.

"사람은 자신이 믿는 만큼 성장한다." – 헨리 포드
"성공은 자신에게 주어진 기회를 최대한 활용하는 것이다." – 찰스 스윈돌
"미래는 현재 우리가 무엇을 하는가에 달려 있다." – 마하트마 간디
"위대한 일은 작은 일들의 연속이다." – 빈센트 반 고흐
"성공은 과정이고, 실패는 일시적이다." – 빌 게이츠
"하루하루를 최고의 날로 만들어라." – 에머슨
"자신을 이길 수 있는 사람은 없다." – 부처
"인생은 가까이서 보면 비극이지만, 멀리서 보면 희극이다." – 찰리 채플린
"어려움은 인간이 극복해야 할 기회다." – 찰리 채플린
"진정한 아름다움은 외면이 아닌 내면에서 나온다." – 찰리 채플린
"인생에서 중요한 것은 얼마나 많이 받았느냐가 아니라 얼마나 많이 주었느냐이다." – 찰리 채플린
"나는 비에 젖는 걸 좋아한다. 아무도 내 눈물을 볼 수 없기 때문이다."– 찰리 채플린
"나의 목표는 단지 회사들을 만드는 것이 아니라, 그 회사들이 인류의 미래에 중요한 역할을 하도록 하는 것이다." –일론 머스크
"미래는 스스로 만들지 않으면, 그저 일어나는 일일 뿐이다." – 일론 머스크
"먼저 그 길을 걸어라. 그 길이 사람들을 이끌 것이다." – 마하트마 간디
"약속을 지키는 것은 우리의 본성과 도덕성을 반영한다." – 마하트마 간디
"고통 없이 얻을 수 있는 가치 있는 것은 없다." – 마하트마 간디
"약자를 괴롭히는 것은 강자가 아니라 겁쟁이다." – 마하트마 간디
"자신의 가치를 남이 결정하도록 하지 말라. 스스로 자신을 가치 있게 만들어라." – 마하트마 간디
"여러분은 항상 세상을 더 나은 곳으로 만들 책임이 있다." – 빌게이츠

"가장 불행한 사람은 성공에서 배우지 못한 사람이다." - 빌게이츠

"좋은 아이디어를 가졌다면, 그것을 실행할 용기를 가져라." -빌게이츠

"당신의 가장 불만족스러운 고객은 당신이 배울 수 있는 가장 큰 자산이다." -빌 게이츠

"기술은 도구에 불과하다. 아이들이 함께 일하고, 동기를 부여받고, 선생님에게서 배우는 방법을 지지한다." -빌 게이츠

"가격은 당신이 지불하는 것이고, 가치는 당신이 얻는 것이다." - 워렌 버핏

"시간은 훌륭한 기업의 친구이고, 평범한 기업의 적이다." - 워렌 버핏

"오늘 그늘에 앉아 쉴 수 있는 이유는 예전에 누군가가 나무를 심었기 때문이다." - 워렌 버핏

3-5 사서삼경요약

◆ 사서(四書)
대학(大學), 중용(中庸), 논어(論語), 맹자(孟子)

송나라 때 정자라는 분이 자은(子恩)의 예기에서 대학, 중용을 분리하여, 논어, 맹자와 함께 엮어 내어서 사서(四書)로 만들었다.

그 전에는 오경(五經)이 읽혀졌으나, 어려워서 별로 호응을 못 받았다. 송나라 때부더 사서를 중시하고, 원나라 때는 고시 과목으로 중시 되었으며, 명나라의 영락제에 의해서 사서대전이 만들어졌다.

주자는 사서대전에 주해를 달아 사서집주(史書集註)라고 하였다.

대학과 중용에는 장구(章句), 논어와 맹자에는 집주(集註)라고 명칭을 붙였다.

사서를 배울 때는 먼저 대학을 읽고 학문의 규모를 정하고, 논어에서 근본을 배우고, 맹자에서 그 발전을 터득한 후, 마지막 중용에서 선인들의 높은 사상을 음미하게 된다.

1. 대학(大學)

공자(孔子)의 손자 자사(子思)가 예기(禮記) 49편 중에서 제 42편으로 들어있던 것을 별책으로 엮은 것이다.

"대학(大學)는 공자가 남긴 글이고, 초학자가 덕으로 들어가는 문호이다.

지금에 있으면서 옛날 사람들이 학문을 한 차서(次序)를 알 수 있게 되는 것은 오직 이 책이 남아 있기 때문이고, 논어와 맹자는 그 다음이다. "배우는 사람들이 반드시 이 책에 따라서 배운다면 거의 오차를 범하지 않을 것이다."라는 말로 그 중요성을 말할 수 있다.

중국에서 유교가 국교로 채택된 한대(漢代) 이래 오경이 기본 경전으로 전해지다가 송대에 주희(朱熹, 1130~1200)가 당시 번성하던 불교와 도교에 맞서는 새로운 유학(性理學)의 체계를 세우면서 예기(禮記)에서 중용(中庸)과 대학(大學)의 두 편을 독립시켜 사서 중심의 체재를 확립하였다.

49편으로 구성된 예기(禮記) 중 제42편이 대학(大學)에 해당한다. 주희는 대학(大學)에 장구(章句)를 짓고 자세한 해설을 붙이는 한편, 착간(錯簡 : 책장 또는 편장의 순서가 잘못된 것)을 바로잡았다.
그는 전체를 경(經) 1장, 전(傳) 10장으로 나누어 '경(經)'은 공자(孔子)의 사상을 제자 증자(曾子, BC 505~BC 436?)가 기술한 것이고, '전(傳)'은 증자의 생각을 그의 문인이 기록한 것이라고 하였다.

대학(大學)의 저자에 대해서는 여러 가지 설이 있는데, 전통적으로는 중용(中庸)과 대학(大學)이 공자의 손자인 자사(子思, BC 483?~BC 402?)가 지었다는 견해가 지배적이다.

'공자세가(孔子世家)'에는 송나라에서 급(伋: 子思)이 지었다고 기록되어 있고, 한나라 때 학자인 가규(賈逵, 30~101)도 공급(孔伋)이 송에서 대학(大學)을 경(經)으로 삼고 중용(中庸)을 위(緯)로 삼아 지었다고 하며, 정현(鄭玄, 127~200))도 이 설을 지지하고, 송대의 정호(程顥, 1032~1085)· 정이(程頤, 1033~1007)(형제)는 "공씨가 남긴 책"이라고만 언급하였다.

주희(朱熹)는 전을 "증자의 사상을 그의 문인이 기술한 것이다."라 하였는데, 자사(子思)가 바로 증자의 문인이기 때문에 그의 주장도 대학(大學)은 자사의 저작이라는 견해로 받아들여질 수 있다.

청대(清代)에 오면 실증적·고증적으로 검토, 비판하는 학풍이 일어나면서, 종래의 자사 저작설도 비판되어 진한(秦漢) 사이에 또는 전국시대 어느 사상가의 저작이라는 설, 자사가 지은 것이 틀림없다는 설 등이 있으나, 유가의 학자가 지은 것이라는 점에 대해서는 대체로 일치한다.

대학(大學)의 내용은 삼강령 팔조목으로 구성되어 있는데, 강령은 모든 이론의 으뜸이 되는 큰 줄거리라는 뜻을 지니며, 명명덕(明明德)·신민(新民·親民)·지어지선(止於至善)이 이에 해당되고, 팔조목은 격물(格物)·치지(致知)·성의(誠意)·정심(正心)·수신(修身)·제가(齊家)·치국(治國)·평천하(平天下)를 말한다.

대학(大學)은 예기(禮記) 가운데 한 편의 형태로 우리 나라에 들어왔을 것이라 추측된다. 7세기경의 신라 임신서기석(壬申誓記石)에는 예기(禮記)를 시경(詩經)·서경(書經)과 함께 습득할 것을 맹세하는 화랑의 이야기가 담겨 있다.

372년(소수림왕 2)에 세운 태학(太學)을 관장한 사람이 오경박사(五經博士)였으니, 고구려에서도 일찍부터 예기(禮記)가 교수되고 있었음을 알 수 있다. 통일신라기에도 국학 3과정과 독서삼품과의 과목으로 예기(禮記)는 중요시된 경전이었다.

고려 유교의 학풍은 경전중심이어서 예종 때의 국학칠재와 사학(私學) 등에서도 경연의 주요과목으로 예기(禮記)가 자주 강론되었다. 조선 태조는 대학(大學)의 체재를 제왕의 정치귀감으로 편찬한 송대 진덕수(眞德秀)의 '대학연의(大學衍義)'를 유창(劉敞: 초명은 敬)으로 하여금 진강(進講)하게 하였다. 그 뒤 '대학연의'를 어전에서 강의하는 전통이 마련되었다.

주희가 독립시킨 대학(大學)은 1419년(세종 1) '성리대전'·'사서오경대전'이 명나라로부터 수입될 때 함께 들어왔다.

주희의 '대학장구'에 대한 최초의 비판은 이언적(李彦迪)에서 비롯된다. 그는 '대학장구보유(大學章句補遺)에서 주희의 일경십전(一經十傳)을 일경구전(一經九傳)으로 산정(刪正)하면서 편차의 오류를 지적하였다.

주자학이 관학으로 정립되고 성현의 편언척구(片言隻句)가 신성시되던 조선 중기에는 주희의 체계를 긍정한 바탕에서 나름의 해석을 모색하는 데 그쳤다.

이와 같은 고식적인 풍토에 반발한 윤휴(尹鑴, 1617~1680)는 '대학고본별록(大學古本別錄)'과 '대학전편대지안설(大學全篇大旨按說)'에서 주희의 방법론적 준거였던 '격물(格物)'이 지적 탐구가 아니라, 종교적 경건으로 해석되어야 하며, 본래 예기(禮記) 안에 있던 '대학고본'이 아무런 착간도 없는 정본(定本)임을 주장하였다.

박세당(朴世堂, 1529~1703)은 '대학사변록(大學思辨錄)'에서 철저한 고증에 의해 대학(大學)이 복원되어야 하며, 주희가 가한 해석이 지나치게 형이상학적이고 고답적이라 비판하면서, 구체적 실천의 관점을 강조하였다.

정약용(丁若鏞, 1762~1836)은 정조와의 문답을 정리한 '대학강의(大學講義)', 그리고 '고본대학'에 입각해 대학(大學) 본래의 정신을 탐색한 '대학공의(大學公議)'를 저술해 명명덕·신민만으로도 강령이 될 수 있으며 격물(格物)·치지(致知)는 팔조목에 들 수 없다 하여, 격물·치지에 입각한 성리학적 사유의 재검토를 촉구하기도 하였다.

삼국시대에 예기(禮記)는 이미 유포되고 있었던 것이 분명한데, 그 유입과 전파경로는 알 수 없다. 1045년(정종 11) 왕이 당나라의 공영달(孔穎達)이 찬한 '신간예기정의' 한 질을 어서각(御書閣)에 두고 나머지는 문신에게 나누어주었다는 기록이 있다.

주희의 '대학장구'가 처음 반입된 것은 고려 공민왕 19년(1370) 명나라에서 '대통력'·'육경'·'통감'과 함께였다는 기록이 '고려사'에 있다.

1423년(세종 5) 대학(大學)을 포함한 사서오경 10부를 성균관·오부학당에 분급(分給)하였고, 1435년 각 도의 수령에게 명하여 그것을 향교에 비치하라고 하였다. 개인이 자비로 갖추고자 할 때는 종이를 보내면 주자소에서 찍어주게 하였다.

15세기 말 함경도·평안도·제주도에까지 대학(大學)이 보급되었다. 선조 때부터 진행된 언해사업은 1576년(선조 9) 이이(李珥, 1536~1584)가 왕명을 받아 13년 만에 완성, 간행하여 도산서원에 하사되었으며, 1605년에 재반포되어 널리 읽혀지게 되었다.

2. 논어(論語)

공자(孔子)의 언행록이다.
공자와 그 제자들의 언행을 기록한 7권 20편의 유교경전이다.

책의 내용은 공자의 말, 공자와 제자 사이의 대화, 공자와 당시 사람들의 대화, 제자들의 말, 제자들 간의 대화 등으로 구성되어 있다.

공자의 제자들이 공자의 사후에 편찬한 책이다.
공자는 인(仁)에 대하여 일관되게 말하고 있다.
인은 다른 사람에 대한 사람으로 요약할 수 있다.
공자의 자기 수양 과정은 "공자가 말씀하시길, 나는 십오세에 지(志)하고, 삼십세에 입(立), 사십오세에 불혹(不惑), 오십세에 지천명(知天命), 육십오세에 이순(耳順).칠십세에

종(縱)하여, 마음이 내키는 데로 하여도 규범에 벗어나지 않는 경지에 올랐다.(心所欲不踰炬)

논어(論語)는 공자와 그 제자들의 대화를 기록한 책으로 사서의 하나이다. 저자는 명확히 알려져 있지 않으나, 공자의 제자들과 그 문인들이 공동 편찬한 것으로 추정되고 있다.

한 사람의 저자가 일관적인 구성을 바탕으로 서술한 것이 아니라, 공자의 생애 전체에 걸친 언행을 모아 놓은 것이기 때문에 여타의 경전들과는 달리 격언이나 금언을 모아 놓은 성격을 띤다. 공자가 제자 및 여러 사람들의 질문에 대답하고 토론한 것이 '논(論)', 제자들에게 전해준 가르침을 '어(語)'라고 부른다.

현재 논어(論語)는 전20편, 482장, 600여 문장으로 전해 내려오고 있다. 서술방식과 호칭의 차이 등을 기준으로 앞의 열 편을 상론(上論), 뒤의 열 편을 하론(下論)으로 구분하여 앞의 열 편이 더 이전 시대에 서술된 것으로 보는 견해가 일반적이다. 각 편의 이름은 그 편 내용의 첫 두 글자를 딴 것으로 특별한 뜻이 있는 것은 아니다.

공자의 삶과 행동과 사상을 이해하기 위해 가장 널리 읽어온 책이 논어(論語)다. 정확히 누가 언제 이 책을 만들었는지에 대해서는 아직 정설이 없다. 하지만 논어(論語)를 읽어본 사람이면 누구나 이 책이 공자가 죽은 뒤 그의 제자들이 스승의 말씀과 행적을 더듬고 자신들의 얘기를 첨가해 만든 것임을 알 수 있다. 공자 사후 그의 제자들 여기저기 흩어져 대부분 교육에 종사했는데, 여러 곳에서 스승의 말을 죽간(竹簡) 등에 기록해 학생들을 가르칠 때 쓰고 이것들을 나중에 모아서 편찬했을 것이다. 최종 정리는 공자의 가장 나이 어린 제자였던 증삼(曾參(曾子), BC 505~BC 435)의 제자들이 했을 것이라는 견해가 유력하다. 논어(論語)의 성립에 의혹을 제기하는 사람은 대부분 '좌전(左傳: '춘추(春秋)'를 해설한 책)'에서 근거를 찾는데, 최근의 연구 성과에 따르면 논어(論語)가 '좌전(左傳)'보다 앞서 성립된 것으로 보인다.

논어(論語)는 전한 시대에 처음 출현한 것으로 알려져 있다. 초기에는 논어(論語)라는 명칭 대신 전(傳), 기(記), 논(論), 어(語) 등의 이름으로 불렸고, 지역에 따라 조금씩 다른 판본이 전해지고 있었다. 논어(論語)라는 이름으로 불리게 된 것은 전한의 제6대 경제(漢 孝景皇帝 劉啓, BC 188~BC 141, 재위: BC 157~BC 141)~제7대 무제((漢 世宗 孝武皇帝 劉徹, BC 156~BC 87년, 재위: BC 141~BC 87) 기간이라고 하며, 후한에 이르러 현재와 같은 형태로 정리되었다고 한다.

한국에는 삼국시대에 전해진 것으로 추정되며, 3~4세기 경 한성백제시대 목간에 5편인 공야장(公冶長) 편의 주요 내용이 기록되어 남아있다.

논어(論語)는 어느 한 시기에 편찬되었다기보다, 몇 차례에 걸쳐 지어졌다고 보인다. 첫 번째 공자 사후에 중궁, 자유, 자하 등의 제자가 일익을 주도했고, 두 번째 증자 사후에 유자, 민자 등이 일익을 주도했으며, 전국시대 맹자 시기 또는 맹자 사후에 누군가 내용을 첨가하고 보충했다는 것이 정설이다. 이것은 당시 영향력이 있는 인물이었던 관중(管仲, BC 725~BC 645)에 대한 평가가 상론의 팔일과 하론의 헌문에서 다른 서술을 하고 있다는 점에서 추측할 수 있다. 또한 이것은 관중에 대한 노(魯)나라와 제(齊)나라의 평가가 서로 나뉘었던 것이 통합되었다는 점에서 노론과 제론을 모두 담게 되었다고 볼 수 있다.

상론 10편과 하론 10편은 문체와 호칭 및 술어 면에서 분명히 차이가 나는데, 상론은 문장이 간략하고 글자수가 짧고, 하론은 문장이 길고 글자수가 많다. 또한 상론의 마지막 10편 향당은 공자의 일상 생활을 담아 결말을 내는 셈이어서, 하론 10편의 사실성에 대한 의문이 있다.

공자 사상은 한마디로 하면 인(仁)이다. 공자가 제자들에게 가르친 세부 덕목으로서 지(知, 지혜)와 인(仁, 어짊)과 용(勇, 용기)에서의 '인(仁)'은 협의의 '인(仁)'이며, 공자가 내세운 모든 덕목을 총칭하는 개념이 광의의 '인(仁)'이다.

공자는 법이나 제도보다 사람을 중시했다. 사람을 통해 그가 꿈꾸는 도덕의 이상 사회를 이루려고 했다. 그래서 ''어짊'을 실천하는 지도자로 군자를 내세웠다. 원래 군주의 자제라는 고귀한 신분을 뜻하는 '군자'는 공자에 의해 이상적 인격의 소유자로 개념화되었다. 군자는 도(道)를 추구하고, 도에 입각하고, 도가 통하는 세상을 만드는 존재다. 이 위대한 정치가는 예(禮)로 자신을 절제하고, 악(樂, 음악)으로 조화를 추구한다. 문(文, 문예)을 열심히 공부[學]해 훌륭한 군자로 거듭나고, 정치(政治)를 통해 민생(民生)을 안정시키고 도덕의 이상을 실현해야 한다. 덕(德)과 의(義)가 사회의 중심 가치가 되는 자신의 이상 사회를 끝내 성공시키지는 못했지만, 공자는 지난한 삶의 역정 속에서도 도덕 사회의 구현이라는 처음의 꿈을 끝까지 버리지 않았는데, 이 꿈이 녹아 있는 책이 논어(論語)다.

이중 대표적인 학이편은 다음과 같이 시작하고 있다.
子曰 學而時習之 不亦說乎 有朋自遠方來 不亦樂乎 人不知而不慍 不亦君子乎
(자왈 학이시습지 불역열호 유붕자원방래 불역락호 인부지이불온이 불역군자호)

공자가 말하기를 "배우고 틈나는대로 익히면, 또한 기쁘지 아니한가. 벗이 있어 멀리서 찾아오면 또한 즐겁지 아니하겠는가. 남이 나를 알아주지 아니하여도 노여워하지 아니하면, 또한 군자가 아니겠는가."

논어(論語)는 수많은 주석서가 있다. 하안(何晏, 193?~249)의 '논어집해(論語集解)'를 "고주(古注)"라 하고 주희(朱熹, 1130~1200)의 '논어집주(論語集註)'를 "신주(新注)"라 하여 중요하게 여긴다. 조선의 정약용(丁若鏞, 1762~1836)이 지은 '논어고금주(論語古今注)'에서는 고주와 신주에서 각기 보이는 폐단을 극복하고 보다 합리적이고 공자의 원의에 가까운 해석을 하려는 노력을 엿볼 수 있다. 특히 당시 조선에서 가치를 인정받지 못하던 오규 소라이(荻生組徠, 1666~1728), 그리고 이토 진사이(伊藤 仁斎, 1627~1705) 등 일본 유학자들의 주석에까지 고루 시야를 넓힌 점은 정약용의 유연하고 개방적인 사고를 미루어 짐작할 수 있는 대목이다.

공자 시대 이후로 논어(論語)는 중국의 철학자들과 가치관에 깊은 영향을 끼쳤고, 이후 동아시아에도 영향을 미쳤다. 논어(論語)는 유교 경전의 다른 세 책과 함께 사서라고 불리며 유교의 기본 가치관인 "예(禮), 의(義), 충(忠), 인(仁)" 이라는 유교적 인본주의를 가르쳐왔다.

거의 2천년 동안 논어(論語)는 중국의 학자들이 배우는 기본 과정이 되어왔는데, 공자의 저작을 공부하지 않은 사람은 도덕적으로 바르고 학식이 있는 사람으로 취급되지 않았다. 중국의 과거 시험은 진나라(晉, 265~420)에서 시작되어 청(淸)나라 말기까지 지속되었는데, 과거 시험에서는 유교경전을 강조하여 수험생들이 공자의 말을 인용하여 그들의 글에 어떻게 사용하였는지 평가하였다.

논어(論語)는 많은 언어로 번역되었는데, 영어로는 아서 웨일리(Arthur Waley, 1889~1966)와 A. 찰스 뮬러(A. Charles Muller, 1953~), 그리고 윌리엄 수딜(William Edward Soothill, 1861~1935)의 번역이 가장 유명하다. 일찍이 16세기 후반에 논어(論語)의 일부는 예수교 중국 선교사들에 의하여 라틴어로 번역되었다.

볼테르(Voltaire, 1694~1778)와 에즈라 파운드(Ezra Pound, 1885~1972)는 열 번째 향당편에서 공자가 단순한 사람이었는지 명확하게 보여준다고 지적했다. 특히 볼테르는 계몽철학자로서 논어(論語)야말로 당대까지의 허황된 형이상학이나 신학에 근거하지 않은 정치철학서라고 칭송하며 자신의 연구실에 공자의 초상화를 걸어둘 만큼 공자를 존경하였다. 근래에 논어(論語)를 영어와 프랑스어로 번역한 시몽 레스(Simon Leys,

1935~2014)는 이 어록은 유명한 사람의 개인의 삶을 묘사한 첫 기록일 것이라고 말했다. 엘리아스 카네티(Elias Canetti, 1905~1994)도 공자의 논어(論語)가 가장 오래된 지적이고 영적인 완벽한 개인의 초상이라고 말하며 향당편은 근대적인 책과 같이 감동을 주는데, 모든 것을 담고 있으면서도 정말 중요한 것은 빼놓고 서술하고 있기 때문이다라고 평했다.

공자(孔子)는 BC 551년 노(魯)나라 양공(襄公) 22년에 태어났다. 15세에 학문에 뜻을 두어서 가난에 시달리고 천한 일에 종사하면서도 부지런히 이치를 탐구하고 실천에 힘써 위대한 성인으로 추앙받았다. 20대에 이미 이름을 떨쳐 제자들이 따르게 되었으며, 그의 관심은 예(禮)와 악(樂) 등 문화 전반에 걸쳐 있었다.

당시 노나라는 계손(季孫)·맹손(孟孫)·숙손(叔孫)의 삼환씨(三桓氏)가 정권을 농락하는 형편이었다. 공자는 51세 때 대사구(大司寇)까지 역임했으나 자신의 포부를 펼치지 못하고 물러났다. 그 뒤 천하를 다니면서 정치적 혁신을 실현하려 했으나 결국 실패하고 68세에 고국으로 돌아와 후진 육성에 힘썼다.

공자는 인(仁)의 실천에 바탕을 둔 개인적 인격의 완성과 예로 표현되는 사회질서의 확립을 강조하였으며, 궁극적으로는 도덕적 이상국가를 지상에 건설하려 하였다. 만년에 육경(六經) 편찬에 힘쓴 것은 후세에게나마 그의 이상을 전하고 실현을 기약하려는 뜻에서였다.

공자는 철저한 현실주의자로 그의 사상은 실천을 전제로 한 도덕이 핵심을 이루고 있다. 따르는 제자가 3천인이 넘었다 하는데, 그 가운데 72인이 뛰어났다고 한다.

논어(論語)의 편찬자에 대해서는 여러 가지 설이 있다.
① 자하(子夏)를 비롯한 공자의 제자들,
② 자하·중궁(仲弓)· 자유(子游) 등,
③ 증삼(曾參)의 문인인 악정자춘(樂正子春)과 자사(子思)의 무리,
④ 증삼과 유자(有子)의 문인 등이 그것인데, 논어(論語)가 공자 자신의 손으로 기록, 정리된 것이 아님은 분명하다.
이런 사실은 논어(論語)라는 책 이름에서도 엿볼 수 있다. 양(梁)나라의 황간(皇侃)은 "이 책은 공자의 문인에게서 나온 것이다. 먼저 자세히 따진 뒤에 사람들이 모두 좋다고 한 뒤에야 기록했으므로 '논(論)'이라 하였다. '어(語)'란 논란에 대해 대답하고 설명한다

는 말이다."라고 말하였다.

원(元)나라의 하이손(何異孫)은 '논어(論語)'가 "글뜻을 토론한 데서 생긴 이름"이라 했고, 청(淸)나라의 원매(遠枚)는 "논이란 의논이란 뜻이며 어린 사람들에게 말한 것"이라고 풀이해서 의견이 다양하다.

'한서'에 의하면, 한나라 때에는 세 가지 종류의 논어(論語)가 전해오고 있었다 한다. 제(齊)나라 사람들이 전해온 제논어, 노(魯)나라에서 전해 온 노논어, 그리고 공자의 옛 집 벽 속에서 나온 고문(古文)의 논어가 그것이다. 지금 전해지는 논어(論語)는 전한 말의 장우(張禹)가 노논어를 중심으로 편찬한 교정본(校定本)이다.

논어(論語)는 모두 20편으로 나뉘어 있고, 각 편의 머리 두 글자를 따서 편명으로 삼고 있다. 예컨대, 첫 편인 학이(學而)는 '학이시습지불역열호(學而時習之不亦說乎)'에서 따왔다. 따라서 논어(論語)의 내용 구성은 '배움'에서 시작해 '하늘의 뜻을 아는 것(知命)'까지로 되어 있다.

논어(論語)의 내용은
① 공자의 말,
② 공자와 제자 사이의 대화,
③ 공자와 당시 사람들과의 대화,
④ 제자들의 말,
⑤ 제자들간의 대화 등으로 구성되어 있다.
물론 이들 모두는 공자라는 인물의 사상과 행동을 보여주려는 데 초점이 맞추어져 있다.

우리 나라에 유교가 전해진 것은 중국과의 접촉이 활발해지고 통치질서와 정치윤리에 대한 요구가 드높아가던 삼국시대였다. 논어(論語)도 이 무렵에 전래되었으리라 생각된다.

'삼국사기(三國史記)'에는 642년에 죽죽(竹竹)이라는 화랑이 인용한 논어(論語)의 구절이 보인다. 설총(薛聰)이 구경(九經)을 이두로 읽었으며 강수(强首)가 불교보다 유교의 도리를 배우겠다 하여 뒤에 외교문서 작성에 탁월한 능력을 보인 사실은 유교적 교양의 바탕인 논어(論語)가 당시에 이미 크게 영향을 미치고 있었음을 증거한다.

682년(신문왕 2) 국학이 체계를 갖추었을 때 논어(論語)를 가르쳤으며, 그 뒤 독서삼품과(讀書三品科)로 인재를 선발할 때도 논어(論語)는 필수 과목이었다.

고려조에 들어와 문묘(文廟)와 석전의 의례를 갖추는 한편, 사회적· 정치적 제도를 정비한 성종은 990년(성종 9) 서경에 수서원(修書院)을 설치해 전적과 문헌을 수집하게 했는데, 물론 논어(論語)도 여기에 수장(收藏)되었다. 이 무렵 서적의 인쇄와 역사서 편찬, 그리고 궁중의 경연이 성했는데, 논어(論語)는 경연에서 자주 거론된 경전이었다.

조선시대는 오경(五經)보다 사서(四書)를 중요시하는 주자학이 사상·문화 전반의 이념으로 등장하였다. 따라서 사서의 중심인 논어(論語)는 시골 벽촌의 어린 학동들까지 배우게 되었다.

이황(李滉)은 논어의 훈석(訓釋)을 모으고 제자들과의 문답을 채록해 '논어석의(論語釋義)'를 지었다. 이 책은 임진왜란 때 소실되고 그의 문인 이덕홍(李德弘)의 '사서질의(四書質疑)'가 그 면모를 짐작하게 해준다.

그 뒤 학자들의 주석이 수없이 많지만 대개는 단편적인 글귀에 대한 나름의 의문과 해석, 아니면 공자의 인격에 대한 찬탄에 그치고 있다.

한(漢)·당(唐)의 훈고와 송(宋)·명(明)의 의리(義理)에 매이지 않고 문헌비판적·해석학적 방법론에 입각해 논어(論語)를 해석한 저작이 정약용(丁若鏞)의 '논어고금주(論語古今註)'이다. 한대에서 청대에 이르는 중국의 거의 모든 학자들과 우리 나라 선비, 그리고 일본의 연구성과까지 검토, 비판해 독자적인 주장을 폈다.

논어의 첫 간행은 1056년(문종 10)으로 '고려사'에 기록되어 있다. 논어(論語)를 포함한 비각소장(祕閣所藏)의 제 경전을 여러 학원(學院)에 나누어 두게 하고, 각각 한권씩 찍어냈다 한다. 이어 1134년(인종 12)에는 이것을 지방의 여러 학관에 나누어주었다.

조선시대에 세종은 주자소를 건립하고 논어(論語)를 포함한 다량의 서적을 간행해서 각 지방에 보급하였다. 한문으로 된 경전을 우리말로 풀어 이해하기 쉽게 하려는 노력은 전래 초기부터 있어 왔다.

설총이 "방언(方言)으로 구경(九經)을 풀이했다."는 기록이 있고, 고려 말의 정몽주(鄭夢周)와 권근(權近)은 각각 논어(論語)에 토를 달았다.

세종은 훈민정음을 창제한 다음 전문기관을 설치해 경전의 음해(音解)를 찬하게 하였다. 세조 때에는 구결(口訣)을 정했고 성종 때에 유숭조(柳崇祖)가 '언해구두(諺解口讀)'를 찬집하였다.

선조는 이것이 미비하다 하여 1581년(선조 14) 이이(李珥)에게 명해 사서와 오경의 언해를 상정(詳定)하게 하였다. 사서는 1593년에 이이의 손으로 완성되었고 나머지는 다른 사람에게 맡겨졌다. 이들 언해는 불완전한 번역이었으나 순한문본과 함께 널리 이용되었다.

3. 맹자(孟子)

맹자(孟子)는 공자(孔子)의 뜻을 진술하여 [맹자(孟子)]7편을 저술하였다.
공자가 언급하지 않는 내용도 시세에 순응시켜 부가하였다.
공자가 인(仁)만 말씀하신 것을 의(義)를 덧붙여 설명하고 있고, 인의(仁義)를 근본으로 하여 패도를 배격하고, 인뿐만 아니라 절제를 존중하였다.
특히 인간은 본래 선하다는 성선설(性善說)을 주장하고 있다.

사서(四書 : 논어(論語)·맹자(孟子)·대학(大學)·중용(中庸)) 중의 하나이다. 양혜왕(梁惠王)·공손추(公孫丑)·등문공(滕文公)·이루(離婁)·만장(萬章)·고자(告子)·진심(盡心)의 7편으로 되어 있다.

사마천(司馬遷)의 '사기(史記)'에 따르면 맹자의 저술임이 분명하지만, 자신의 저작물에 '맹자(孟子)'라고 한 점 등을 들어 맹자의 자작(自作)이 아님을 주장하는 견해도 있다. 당나라의 한유(韓愈)는 맹자가 죽은 뒤 그의 문인들이 그 동안의 일을 기록한 것이라는 말도 하였다. 어쨌든 수미일관(首尾一貫)한 논조와 설득력 있는 논리의 전개, 박력 있는 문장은 맹자라는 한 인물의 경륜과 인품을 전해주기에 손색이 없다.

맹자(孟子)는 공자의 가르침을 보완·확장하였다. 공자의 인(仁)에 의(義)를 덧붙여 인의를 강조했고, 왕도정치(王道政治)를 말했으며, 민의에 의한 정치적 혁명을 긍정하기도 하였다. 이러한 그의 작업에는 인간에 대한 적극적인 신뢰가 깔려 있다. 사람의 천성은 선하며, 이 착한 본성을 지키고 가다듬는 것이 도덕적 책무라는 성선설(性善說)을 주장하였다.

후한의 조기(趙岐, ?~201)는 맹자(孟子)에 대한 본격적인 주석 작업을 통해 7편을 상하로 나누어 14편으로 만들었는데, 지금도 이 체재가 보편화되어 있다. 송대에 이르러 주희(朱熹)는 조기가 훈고(訓詁)에 치중해 맹자의 깊은 뜻을 놓쳤다고 비판하고, 성리학의 관점에서 '맹자집주(孟子集註)'를 지었다. 이 책은 조기의 고주(古註)에 대해 신주(新註)라고 한다. 주자학이 관학(官學)으로 채택된 원대 이래 공식적인 해석서로 폭넓은 영향을 미쳤다.

우리나라에 유학의 전래와 함께 맹자(孟子)도 같이 유포되었지만, 고려 말까지는 육경 중심과 사장학적(詞章學的) 경향에 밀려 '논어(論語)'나 '문선(文選)' 등의 다른 경전에 비해 소홀히 취급되었다. 문장보다 인격을, 육경보다 사서를 교육의 핵심으로 삼는 주자학이 도입되어 자리를 굳히면서 맹자(孟子)는 지식인들의 필수 교양서로 부상되었고, 주희의 주석서가 해석의 정통적 기준이 되었다.

맹자사상의 일관된 핵심은 성선설과 혁명론이었지만, 우리나라에서는 주자학이 활발한 논란을 거쳐 배타적 권위를 형성하는 17세기 말까지 성선설에만 국한되었다. 이황(李滉)과 기대승(奇大升), 이이(李珥)와 성혼(成渾)으로부터 비롯된 사단칠정론(四端七情論)은 조선조 후반의 인물성동이론(人物性同異論)까지 이어졌다. 그러나 이러한 논의는 인간의 본성을 해명하는 입론(立論)의 근거를 주희의 주석에서만 구함으로써 200여 년 동안 해결을 보지 못했다.

주희의 경전 해석과 그 바탕에 깔린 세계관에 대해 의문을 제기했던 윤휴(尹鑴)와 박세당(朴世堂)은 '사문난적(斯文亂賊)'이라고 낙인찍히기도 하였다. 이익(李瀷)은 '맹자질서(孟子疾書)'에서 맹자가 양혜왕에게 "이익을 앞세우지 말라."고 한 것은 이익 자체를 거부하는 것이 아니라 도덕성과의 조화를 꾀하자는 데 그 의도가 있는 것이라고 주장함으로써, 주자학의 비현실적인 명분론과 의리론을 비판하기도 하였다.

맹자(孟子)는 백가(百家)가 다투어 각기 다른 사상을 주장하던 전국시대에 의연하게 공자사상을 옹호하고, 이를 한층 진전시켰다. 이러한 그의 사상은 맹자(孟子) 전편에 흐르고 있어서, 공자 다음가는 아성(亞聖)으로 추앙되고 있다.

4. 중용(中庸)

유교의 고전으로 공자의 손자 자사(子思, BC 483?~BC 402?)의 저서라고 한다.
내용은 성선설(性善說)을 중심으로 천인합일(天人合一)사상을 명백히 하고 있다.

성(性), 도(道), 교(敎)의 관계, 즉 천명(天命)은 성(性)이요, 명(命)에 따르는 것은 도(道)요, 도(道)를 닦는 것을 교(敎)라고 한다.

자세히 설명하면 성(性)의 본질을 성(誠)의 입장에서 여러 가지 문제를 설명하고 있다.

지(知), 인(仁), 용(勇)은 삼달덕(三達德: 어느 경우에도 통하는 세 가지 덕)이고, 친(親), 의(義), 별(別), 서(序), 신(信)의 오달도는 그 궁극이 성(誠)으로 돌아간다고 할 수 있다.
　예기 중의 일편이던 것을 송의 정신(程)이 따로 떼어내고 주자가 주석을 가해서 사서의 하나가 되었다.

　대학(大學)· 논어(論語)· 맹자(孟子)와 더불어 사서(四書)라고 한다. 유교에서 사서라는 일컬음이 생긴 것은 중국의 송나라 때에 이르러서이다. 주희(朱熹)가 예기(禮記) 49편 가운데 대학(大學)· 중용(中庸)을 떼어내어 논어(論語)· 맹자(孟子)와 함께 사서라 이름을 붙인 것이다. 이 후 사서는 유교의 근본 경전으로 반드시 읽어야 하였다.

　중용(中庸)은 이와 같이 '예기' 속에 포함된 한 편이었지만 일찍부터 학자들의 주목을 받아 왔으며, 한나라 이후에는 주해서가 나왔으며 33장으로 나누어져 있었다. 송나라 정이(程庸)에 이르러 37장이 되었다가 주희가 다시 33장으로 가다듬어 독립된 경전으로 분리시켰다.
　중용(中庸)의 작자에 대해서는 학자들의 의견이 일치하지 않는다. 종래에는 사기(史記)의 공자세가(孔子世家)에 "백어(伯魚)가 급(伋)을 낳으니 그가 자사(子思)였다. 나이 62세에 송나라에서 곤란을 겪으면서 중용(中庸)을 지었다"라는 대목이 있어 공자의 손자 자사의 저작으로 알려져 왔다.

　그러나 청대에 고증학이 대두되면서 자사의 저작이라는 정설에 이의를 제기하기 시작하였다. 어떤 학자는 진(秦)· 한(漢)시대의 어떤 사람에 의해 이루어진 저작이라 고증하기도 하고, 또는 자사의 저본(底本)을 바탕으로 후세의 학자들이 상당기간 동안 가필해 완성된 것이라 주장하기도 하여 아직까지 유력한 정설이 없는 실정이다.

　중용(中庸)을 흔히 유교의 철학 개론서라 일컫는데, 그것은 유교의 철학적 배경을 천명하고 있기 때문이다. 수장(首章) 첫머리에서 "하늘이 명(命)한 것을 성(性)이라 하고, 성을 따르는 것을 도(道)라 하고, 도를 닦는 것을 교(敎)라 한다"라고 하였는데, 이 대목은 유교 철학의 출발점과 그 지향처를 제시하고 있다.
　사람이 사람답게 삶을 누리자면 끊임없이 배워야 하고 그 배움에는 길(道)이 있고 길은 바로 본성(本性)에 바탕하며, 본성은 태어나면서 저절로 갖추어진 것이라는 뜻이다. '태어나면서 저절로 갖추어진' 본성을 유교에서는 맹자 이후 '순선(純善)'한 것이라 생각하였으며, 송대에 와서 정립된 성리학은 이에 기초해 전개되고 있다.

중용(中庸)은 33장으로 되어 있는데, 그 내용을 전반부·후반부로 나누어서 설명할 수 있다. 전반부에서는 주로 중용 또는 중화 사상(中和思想)을 말하고, 후반부에서는 성(誠)에 대해 설명하고 있다.

중(中)이란 한쪽으로 치우치지 않고 기울어지지 않으며, 지나침도 미치지 못함도 없는 것(不偏不倚無過不及)을 일컫는 것이고, 용(庸)이란 떳떳함(평상(平常))을 뜻하는 것이라고 주희는 설명하였고, 정자(程子, 송나라 정도명(程明道), 1032~1085)는 기울어지지 않는 것(불편(不偏))을 중(中)이라 하고, 바꾸어지지 않는 것(불이(不易))을 용(庸)이라 하였다.

중화 사상은 중용을 철학적 표현으로 달리 말한 것인데, 이 때의 중은 희로애락의 감정이 발로되기 이전의 순수한 마음의 상태를 말하는 것이고, 마음이 발해 모두 절도에 맞는 것을 화(和)라 일컫는다고 하였다. 이러한 중화를 이루면 하늘과 땅이 제자리에 있게 되고 만물이 자라게 된다는 것인데, 이는 우주 만물이 제 모습대로 운행되어 가는 것을 뜻한다.

성(誠)은 바로 우주 만물이 운행되는 원리이다. 그 원리는 하늘과 땅, 그리고 사람에 이르기까지 하나로 꿰뚫어 있다. 그래서 "성은 하늘의 도이고 성되려는 것은 사람의 도"라고 말한다.

다시 말하면, 성실한 것은 우주의 원리이고, 성실해지려고 하는 것은 사람의 도리라는 뜻이다. 결국, 사람은 우주의 운행 원리인 성을 깨닫고 배우고 실천하는 데에서 인격이 완성되며, 결국에 가서는 천인합일의 경지에 도달하게 된다.

신라 원성왕 4년(788) 관리 등용법인 독서삼품과(讀書三品科)를 태학(太學)에 설치할 때 그 과목 중에 '예기(禮記)'가 포함되어 있는 것을 보면, 우리 나라에서는 이미 삼국 시대에 '예기(禮記)'의 한 편으로서 중용(中庸)을 접하게 된 것으로 추측된다. 그 뒤 고려 말 정주학을 수용한 이후에는 사서의 하나로 중용(中庸)을 극히 존숭하기에 이르렀다.

일찍이 권근(權近)은 사서에 구결(口訣)을 하였다고 하나 지금은 전하지 않으며, 조선조에 들어와서는 모든 유학자들이 중용(中庸) 연구에 심혈을 기울였다. 성리학이 바로 중용(中庸)에 근거하고 있기 때문이다. 따라서, 전통 사회에 있어서의 학술의 전개와 민족문화 발달에 중용적 철학 사상이 결정적인 영향을 끼쳤다고 말할 수 있다.

◈ 사서(四書)
◈ 삼경(三經) −시경(詩經), 서경(書瘂), 주역(周易)인 역경(易經)

1. 시경(詩經)

시경(詩經)은 오경(五經)의 하나로서 춘추(春秋)시대(時代)의 민요(民謠)를 중심으로 한 중국 최고(最古)의 시집(詩集)이다.

시경(詩經)은 중국 최초의 시가집이다. 서주의 말기로부터 동주에 걸쳐(BC 9세기~BC 7세기) 완성된 시집으로 305편이 수록되어 있다. 공자가 문하의 제자를 교육할 때, 주나라 왕조의 정치적 형태와 민중의 수용 태도를 가르치고 문학·교육에 힘쓰기 위하여 편집한 것으로 알려져 있다. 시경(詩經)은 전한시대에 '제시(齊詩)'·'노시(魯詩)'·'한시(韓詩·'모시(毛詩)'라는 네 가지 종류의 책이 나왔지만, 오늘날 남은 것은 그중의 모시(毛詩)뿐이어서 별도로 모시(毛詩)라 하기도 한다.

처음에는 시(詩)라고만 불리었으며, "시"라는 말의 어원은 여기서 나왔다. 주나라때 편찬되었다 하여 주시(周詩)라고도 하다가 당나라 때 와서 오경의 하나에 포함되면서 시경이라고 불리게 되었다.

여기에 실린 노래들은 철기(鐵器)의 보급으로 농경문화가 비약적으로 발전하고 봉건제가 정착되어 사상과 예술이 처음으로 피던 주왕조 초에서 전국(戰國) 중기에 불려졌다. 분포 지역은 황하(黃河)를 중심으로 한 주나라 직할 경역이었으리라 추정된다.

311편의 고대 민요를 '풍(風)', '아(雅)', '송(頌)'의 3부로 나누어서 편집하였다. 그중 6편은 제명(題名)만 있을 뿐 어구를 갖고 있지 않기 때문에 가사가 있는 것은 305편이다.

'풍(風)'이라는 것은 각국의 여러 지역에서 수집된 160개의 민요를 모은 것이요, '아(雅)'라는 것은 연석(宴席)의 노래로, 다시 소아(小雅)와 대아(大雅)로 구분된다. 소아 74편과 대아 31편은 조정에서 불렸던 것으로 알려져 있다. '송(頌)' 40편은 왕조·조상의 제사를 지낼 때의 노래라고 여겨진다. 어느 것이든 고대의 이름없는 민중이나 지식인의 노래이다.

주(周)는 제13대 평왕 때에 도읍을 호경(鎬京)으로부터 하남성(河南省)의 낙양으로 옮

겼는데(BC 770), 그때 일을 노래한 것이 있다. 주실 동천(周室東遷) 이전, 즉 서주(西周)의 것으로는 제11대 선왕(宣王, 재위: BC 827~BC 782) 시대의 노래로 보이는 것이 있다. 그것이 시경(詩經) 중의 옛 부분이다. 주 왕조(周王朝) 창업의 모습을 노래한 것도 있으나 그것들도 선왕기(宣王期) 무렵에 만들어진 것이라고 생각된다. 전설에 의하면 주왕조 초기인 문왕· 무왕시절의 노래가 있다고 한다. 그것을 사실이라고 그대로 믿을 수는 없지만 현존하는 중국의 가장 오래된 가요를 모은 것이 된다. 공자는 고대의 가요를 통해서 당시 정치·사회의 모습을 생각하게 하려고 했던 것으로 추측되기도 한다.

'풍(風)'에는 애정의 노래라든가 일하는 노래, 유랑의 노래 등이 많으나, '아(雅)' 또는 '송(頌)'에는 천(天)의 사상에 근거하여 주왕조를 찬양한 것이 있다. 또 천은 백성들에게 재앙을 내리는 것이라 믿고 천을 원망하여 천의 권위의 붕괴를 노래한 것도 많다. 천의 권위의 붕괴를 말하는 것은, 위정자의 입장에서 기록된 '시경(詩經)'에서는 찾아 볼 수 없다. 따라서 주왕조를 뒷받침하고 있던 천(天)의 사상에 대한 무명의 민중이나 지식인의 비판의 소리를 엿들을 수 있다. 천(天)은 지정공평(至正公平)하지 못하다는 원성(怨聲)은 바로 주 왕조의 권위에 대한 피지배층의 비판이다.

2. 서경(書痙)

서경(書痙)은 삼경 또는 오경의 하나로서 중국의 요순 때부터 주나라 때까지의 정사(正使)에 대한 문서를 수집하여 공자(公子)가 편찬한 책이다.

서경(書經)은 중국 유교의 5경(五經) 가운데 하나로 중국에서 가장 오래된 역사서이다. 중국의 고대 국가들의 정사(政事)에 관한 문서를 공자가 편찬하였다고 전한다. 특히, 주나라의 정치철학을 상세하면서도 구체적으로 말한 제일의 자료이다.

크게 우서(虞書)· 하서(夏書)· 상서(商書)· 주서(周書)의 4부로 나뉘어 있는데 각각 요순시대· 하나라· 은나라(상나라)· 주나라에 관련된 내용을 싣고 있다.

전국시대에는 공문서라는 의미로 '서(書)'라고 했다. 이후, 유학을 숭상하고 통치 이념으로 삼았던 한나라 시대에서, 당시의 유학자들은 존중하고 숭상해야 할 고대의 기록이라는 뜻에서 '상서(尙書)'라고 하였다. 혹은 상(尙)은 상(上)을 뜻한다고 보아 "상고지서(上古之書, 상고시대의 공문서)"의 의미로 해석하기도 하였다. 송나라 시대에는 유교의 주요 경전인 5경(五經)에 속한다는 뜻에서 '서경(書經)'이라고 불렸다.

서경(書經)의 판본은 크게 나누어 '금문상서(今文尙書)'와 '고문상서(古文尙書)'가 있다. 신나라(新, 8~23) 왕망(王莽) 때 유흠(劉歆, ?~23)이 새로운 판본인 '고문상서'를 들고 나옴에 따라, 기존의 판본인 '금문상서'를 지지하는 금문가(今文家)와 새로운 판본인 '고문상서'를 지지하는 고문가(古文家) 사이에 금고문 논쟁(今古文論爭)이 치열하게 전개되었다. 현존하는 판본은 '위고문상서'와 '칭화대본 죽간상서'가 있다.

서경(書經)은 요임금(堯, BC 2356?~BC 2255?)부터 주나라(BC 1046?~BC 256) 시대까지 요(堯)· 순(舜)의 2제와 우왕(禹王)· 탕왕(湯王)· 문왕(文王) 또는 무왕(武王)의 3왕들이 신하에게 당부하는 훈계와 군왕이 백성에게 내린 포고와 명령, 군왕에게 올린 신하의 진언, 전쟁을 앞두고 백성과 장병들에게 한 훈시, 대신들 사이의 대화 등을 담고 있다.

서경(書經)은 서약(誓約)하는 글인 "서(誓)"와 고시(告示) 또는 포고(布告)하는 글인 "고(誥)"가 주가 되어 있다. 그 중에서도 전형적인 것들로는 다음의 것들이 있다.
- 반경(盤庚): 은나라 시대의 고시문(告示文)을 주나라 사람이 추기한 것

- 목서(牧誓): 주나라 무왕의 서약문(誓約文)
- 낙고(洛誥): 주나라 때의 고시문
- 강고(康誥): 주나라 때의 고시문
- 주고(酒誥): 주나라 때의 고시문

이들 중 '목서(牧誓)'에서 주나라 무왕은 "지금 저 발(發)은 공손히 하늘의 벌을 행하고자 합니다(今予發惟恭行天之罰 · 금여발유공행천지벌)"라고 말하고 있는데, 서경(書經)의 글들은 모두 이와 같이 조상신(祖上神) 혹은 상제(上帝)에 대한 신앙이나 노예 사회에서의 왕의 권력을 보여주는 무겁고 엄격한 색조(色調)로 일관되어 있다.

서경(書經)은 3000편이 있었다고 하지만 전해지는 것은 고문(古文) 25편, 금문(今文) 33편 등 58편에 불과하다. 진시황의 분서갱유(焚書坑儒)로 원본이 소실된 것으로 전해지기 때문이다.

고문상서(古文尙書)는 한나라 경제(景帝, BC 188~BC 141) 때 노나라의 공왕(恭王)이 공자(孔子)의 옛 집을 허물다 장벽(牆壁)에서 발견했다는, 춘추시대의 문자체(진(晉)나라의 문자)로 씌여진 고본을 말하고, 금문상서(今文尙書)는 한나라 문제(漢文帝, BC 202~BC 157, 재위: BC 180~BC 157) 때, 과거 진(秦)의 박사를 지냈고 상서에 정통했던 복생(伏生)의 구술을 조조(晁錯)가 당시 통용되던 예서로 정리한 것이다.

사정이 이런 만큼 고문상서와 금문상서는 별차이가 없었다고 하나 이후 금문학파와 고문학파로 나뉘어 전수되었다. 고문상서는 동한 광무제(漢 世祖 光武皇帝 劉秀, BC 6~AD 57, 재위: 25~57) 때 무성편이 서진 말기에 나머지 15편이 전부 없어졌고, 현재는 위고문상서만이 전해지고 있다. 공안국의 위고문상서는 동진 원제(晉 中宗 元皇帝 司馬睿, 276~322, 재위: 317~322)때 매색(梅賾, ?~?)이라는 사람이 위고문상서를 조정에 바쳐진 후 청나라 때까지 천여 년 동안 진짜로 받아들여졌다. 현재 전해지는 고문상서는 공안국 혹은 매색의 위고문상서이다.

현행본 58편 가운데 이르바 '오고'라고 일컫는 대고, 강고, 주고, 소고, 낙고와 금등, 자재, 다사, 다방 등이 서경 가운데에서 가장 먼저 성립이 된것으로 주나라 초기의 기록이라고 한다. 오고는 문체가 가장 난해하여 더 고대의 것으로 생각한다. 그러나 내용상으로 볼때 고요모에는 사상적으로 노장철학과 유가철학이 분화되지 않은 것도 엿보여 고오가 가장 오래되었다는 점에 의문을 표시하는 경우도 있다.

서경(書經)은 모두 58편으로 이루어져 있는데, 그중 33편을 금문상서(今文尚書)라 부르고 나머지 25편을 고문상서(古文尚書)라 한다. 금문상서는 원래 29편이었지만 일부를 분할하여 편수가 늘어났다. 대부분의 학자들은 이것을 BC 4세기 이전에 작성된 진본으로 생각하고 있다.

고문상서는 원래 16편으로 구성되어 있었지만 오래전에 소실되었다. 4세기에 나타난 모작은 원본의 제목을 붙인 16편에 9편을 더하여 모두 25편으로 이루어져 있다.

처음의 5편은 중국의 전설적인 태평시대에 나라를 다스렸다는 유명한 요(堯)·순(舜)의 말과 업적을 기록한 것이다. 6~9편은 하나라(夏, BC 2205?~BC 1766?)에 대한 기록이지만 역사적으로는 아직 명확히 밝혀지지 않고 있다.

그 다음 17편은 은나라의 건국과 몰락(BC 1122)에 대한 기록인데, 은나라의 멸망을 마지막 왕인 주왕이 타락한 탓으로 돌리고 있다. 주왕은 포악하고 잔인하며 사치스럽고 음탕한 인물로 묘사되어 있다.

마지막 32편은 BC 771년까지 중국을 다스렸던 서주에 대해 기록하고 있다.

서경(書經)은 중국 역사서의 효시로 후대의 '사기'와 '한서'같은 본격적인 정사는 아니지만 중국 고대사의 원천이 되는 책이다. 서경의 기록 대부분은 사관에 의해 사실적으로 쓰여져 사료로서 가치가 매우 높다. 또한 서경은 중국 고대 사상의 뿌리로 유가(儒家)의 덕치주의(德治主義), 도가(道家)의 무위이치(無爲而治), 묵가(墨家)의 숭검비명(崇儉非命), 법가(法家,)의 법치주의(法治主義) 등의 사상을 포괄하고 있다.

서경(書經)의 내용과 언어 특징은 은주 시대의 갑골 그리고 청동기에 적힌 글을 해석하는 데 도움이 되고 제작연대를 밝히는 데 결정적인 역할을 한다.

3. 주역(周易)

주역(周易)은 유교의 경전으로 육경(六經)의 한 가지이다.
점을 보는 점서(占書)인데, 경(經)과 전(傳)의 두 부분으로 되어 있다.
경은 양효(陽爻)와 음효(陰爻)를 여섯 개의 선으로 된 그림에 설명을 붙이고 있다.
그 각각의 그림을 괘(卦)라고 하는데, 모두 64개이다.

서죽(三竹)과 산목(算木)을 써서 그림을 구하여 길흉을 판단한다.

주역은 음양(陰陽), 사상(四象), 팔괘(八卦) 등 우주관은 후세 철학, 윤리, 정치에 많은 영향을 끼치고 있다.

공자는 주역을 대성이라 하고, 주자는 역경(易經)이라고 불렀다.

동양에서 가장 오래된 경전인 동시에 가장 난해한 글로 일컬어진다. 공자가 극히 진중하게 여겨 받들고 주희(朱熹)가 '역경(易經)'이라 이름하여 숭상한 이래로 주역(周易)은 오경의 으뜸으로 손꼽히게 되었다.

주역(周易)은 상경(上經)·하경(下經) 및 십익(十翼)으로 구성되어 있다. 십익은 단전(彖傳) 상하, 상전(象傳) 상하, 계사전(繫辭傳) 상하, 문언전(文言傳)·설괘전(說卦傳)·서괘전(序卦傳)·잡괘전(雜卦傳) 등 10편을 말한다.

한대(漢代)의 학자 정현(鄭玄)은 "역에는 세 가지 뜻이 포함되어 있으니 이간(易簡)이 첫째요, 변역(變易)이 둘째요, 불역(不易)이 셋째다"라 하였고, 송대의 주희도 "교역(交易)·변역의 뜻이 있으므로 역이라 이른다"고 하였다.

이간(易簡)이란 하늘과 땅이 서로 영향을 미쳐 만물을 생성케 하는 이법(理法)은 실로 단순하며, 그래서 알기 쉽고 따르기 쉽다는 뜻이다. 변역이란 천지간의 현상, 인간 사회의 모든 사행(事行)은 끊임없이 변화한다는 뜻이고, 불역이란 이런 중에도 결코 변하지 않는 줄기가 있으니 예컨대, 하늘은 높고 땅은 낮으며 해와 달이 갈마들어 밝히고 부모는 자애를 베풀고 자식은 그를 받들어 모시는 것과 같다는 것이다.

주희의 교역이란 천지와 상하 사방이 대대(對待)함을 이르는 것이고, 변역은 음양과 주야의 유행(流行)을 뜻하는 것이라 하였다. '설문(說文)'에는 역이라는 글자를 도마뱀(蜥易, 蝘蜓, 守宮)이라 풀이하고 있다. 말하자면, 易자는 그 상형으로 日은 머리 부분이고 아래쪽 勿은 발과 꼬리를 나타내고 있다. 도마뱀은 하루에도 12번이나 몸의 빛깔을 변하기 때문에 역이라 한다고 하였다. 또, 역은 일월(日月)을 가리키는 것이고 음양을 말하는 것이라고도 하였다. 이상 여러 설을 종합해 보면 역이란 도마뱀의 상형으로 전변만화하는 자연·인사(人事)의 사상(事象)을 뜻하는 것이라고 할 수 있다.

'주례(周禮)' 춘관편(春官篇) 대복(大卜)의 직(職)을 논하는 글에 "삼역법(三易法)을 장악하나니 첫째는 연산(連山)이요, 둘째는 귀장(歸藏), 셋째는 주역인데 그 괘가 모두 여덟이고 그 나누임이 64이다"라고 하였다. 이에 대해 한대의 두자춘(杜子春)은 연산은 복희(伏羲), 귀장은 황제(黃帝)의 역이라 하였고, 정현은 역을 하(夏)나라에서는 연산이라 하고 은(殷)나라에서는 귀장, 주(周)나라에서는 주역이라 한다고 하였다. 아무튼 연산·귀장은 일찍이 없어지고 지금 남아 있는 것은 주대(周代)의 역인 주역(周易)뿐이다.

역의 작자에 대해서는 주역(周易) 계사전에 몇 군데 암시가 있다. 그 중 뚜렷한 것은 "옛날 포희씨(包犧氏)가 천하를 다스릴 때에 위로 상(象)을 하늘에서 우러르고 아래로 법을 땅에서 살폈으며 새와 짐승의 모양, 초목의 상태를 관찰해 가까이는 몸에서 취하고 멀리는 사물에서 취해, 이로써 비로소 팔괘(八卦)를 만들어 신명(神明)의 덕에 통하고 만물의 정에 비기었다"고 하였다.

이로 미루어 복희씨가 팔괘를 만들고 신농씨(神農氏, 혹은 伏羲氏, 夏禹氏, 文王)가 64괘로 나누었으며, 문왕이 괘에 사(辭)를 붙여 주역(周易)이 이루어진 뒤에 그 아들 주공(周公)이 효사(爻辭)를 지어 완성되었고 이에 공자가 십익을 붙였다고 한다. 이것이 대개의 통설이다.

역을 점서(占筮)와 연결시키고 역의 원시적 의의를 점서에 두는 것은 모든 학자의 공통된 견해이다. 어느 민족도 그러하지만 고대 중국에서는 대사(大事)에 부딪히면 그 해결을 복서(卜筮)로 신의(神意)를 묻는 방법을 썼다. 하여튼 처음 점서를 위해 만들어진 역이 시대를 거치면서 성인(聖人) 학자에 의해 고도의 철학적 사색과 심오한 사상적 의미가 부여되어 인간학의 대경대법(大經大法)으로 정착된 것이다.

천자문

● 단어카드

○ **天地玄黃, 宇宙洪荒 천지현황, 우주홍황**

  1. 하늘은 위에 있어 그 빛이 검고 땅은 아래 있어서 그 빛이 누름. 하늘과 땅 사이는 넓고 커서 끝이 없음

○ **日月盈昃, 辰宿列張 일월영측, 진수열장**

  1. 해는 서쪽으로 기울고 달도 차면 점차 이지러짐. 성좌(星座)가 해, 달과 같이 하늘에 넓게 벌려져 있음.

○ **寒來暑往, 秋收冬藏 한래서왕, 추수동장**

  1. 찬 것이 오면 더운 것이 가고, 더운 것이 오면 찬 것이 감. 가을에 곡식(穀食)을 거두고, 겨울이 오면 그것을 저장(貯藏)함.

○ **閏餘成歲, 律呂調陽 윤여성세, 율여조양**

  1. 일 년(一年) 24절기(節氣) 나머지 시각(時刻)을 모아 윤달(閏-)로 하여 해를 이루었음. 천지간(天地間)의 양기(陽氣)를 고르게 하니, 즉 율(律)은 양(陽)이요, 여(呂)는 음(陰)임.

○ **雲騰致雨, 露結爲霜 운등치우, 노결위상**

  1. 수증기(水蒸氣)가 올라가서 구름이 되고, 냉기(冷氣)를 만나 비가 됨. 이슬이 맺어 서리가 되니, 밤기운(-氣運)이 풀잎에 물방울처럼 이슬을 이룸.

○ **金生麗水, 玉出崑岡 금생여수, 옥출곤강**

  1. 금(金)은 중국(中國)의 여수(麗水)에서 남. 옥(玉)은 중국(中國)의 곤강(崑岡)에서

남.

○ 劍號巨闕, 珠稱夜光 검호거궐, 주칭야광

1. 거궐(巨闕)은 칼 이름이고, 오(吳)나라의 구야자(歐冶子)가 지은 보검(寶劍)임. 구슬의 빛이 영롱(玲瓏)하므로 야광(夜光)이라 칭(稱)했음.

○ 果珍李柰, 菜重芥薑 과진이내, 채중개강

1. 과실(果實) 중(中)에 오얏(자두)과 능금이 진미(珍味)임. 나물은 겨자와 생강(生薑)이 소중(所重)함.

○ 海鹹河淡, 鱗潛羽翔 해함하담, 인잠우상

1. 바닷물은 짜고 민물은 맛이 담백(淡白)함. 비늘 있는 고기는 물속에 잠기고, 날개 있는 새는 공중(空中)에 낢.

○ 龍師火帝, 鳥官人皇 용사화제, 조관인황

1. 복희씨(伏羲氏·伏犧氏)는 용(龍)으로써 벼슬을 기록(記錄)하고, 신농씨(神農氏)는 불로써 기록(記錄)했음. 소호(少昊·少顥·少皞)는 새로써 벼슬을 기록(記錄)하고, 황제(黃帝)는 인문(人文)을 갖추었으므로 인황(人皇)이라 했음.

○ 始制文字, 乃服衣裳 시제문자, 내복의상

1. 복희씨(伏羲氏·伏犧氏)의 신하(臣下) 창힐(倉頡·蒼頡)이 새의 발자취를 보고 글자를 처음 만들었음. 이에 의복(衣服)을 입게 하니 황제(黃帝)가 의관(衣冠)을 지어 등분(等分)을 분별(分別)하고 위의(威儀)를 엄숙(嚴肅)케 했음.

○ 推位讓國, 有虞陶唐 추위양국, 유우도당

1. 벼슬을 미루고 나라를 사양(辭讓)하니, 요임금(堯--)이 순임금(舜--)에게 전위(傳位)했음. 유우(有虞)는 순임금(舜--)이요, 도당(陶唐)은 요임금(堯--)임.

○ 弔民伐罪, 周發殷湯 조민벌죄, 주발은탕

1. 불쌍한 백성(百姓)은 돕고, 죄(罪)지은 백성(百姓)은 벌(罰)주었음. 주발(周發)은

무왕(武王)의 이름이고, 은탕(殷湯)은 왕(王)의 칭호(稱號)임.

○ 坐朝問道, 垂拱平章 좌조문도, 수공평장

1. 좌조(坐朝)는 천하(天下)를 통일(統一)하여 왕위(王位)에 앉은 것이고, 문도(問道)는 나라 다스리는 법(法)을 말함. 밝고 평화(平和)스럽게 다스리는 길을 겸손(謙遜)히 생각함.

○ 愛育黎首, 臣伏戎羌 애육여수, 신복융강

1. 명군(明君)이 천하(天下)를 다스림에 백성(百姓)을 사랑하고 양육(養育)함. (이상(以上)과 같이 나라를 다스리면 그 덕에)융(戎)과 강(羌)도 항복(降伏)하고야 맒.

○ 遐邇壹體, 率賓歸王 하이일체, 솔빈귀왕

1. 멀고 가까운 나라가 전부(全部) 그 덕망(德望)에 귀순(歸順)케 하며 일체(一體)가 될 수 있음. 거느리고 복종(服從)하여 왕(王)에게 돌아오니 덕(德)을 입어 복종(服從)치 않음이 없음.

○ 鳴鳳在樹, 白駒食場 명봉재수, 백구식장

1. 명군(名君), 성현(聖賢)이 나타나면 봉(鳳)이 운다는 말과 같이 덕망(德望)이 미치는 곳마다 봉(鳳)이 나무 위에서 울 것임. 흰 망아지도 감화(感化)되어 사람을 따르며 마당 풀을 뜯어먹게 함.

○ 化被草木, 賴及萬方 화피초목, 뇌급만방

1. 덕화(德化)가 사람이나 짐승 뿐만 아니라 초목(草木)에까지도 미침. 만방(萬方)이 극(極)히 넓으나 어진 덕(德)이 고루 미치게 됨.

○ 蓋此身髮, 四大五常 개차신발, 사대오상

1. 이 몸의 털은 대개 사람마다 없는 이가 없음. 네 가지 큰 것과 다섯 가지 떳떳함이 있으니, 즉 사대(四大)는 천지군친(天地君親)이요, 오상(五常)은 인의예지신(仁義禮智信)임.

○ 恭惟鞠養, 豈敢毀傷 공유국양, 기감훼상

1. 국양(鞠養)함을 공손(恭遜)히 해야함. 부모(父母)께서 낳아 길러 주신 이 몸을 어찌 감(敢)히 훼상(毀傷)할 수 없음.

○ 女慕貞烈, 男效才良 여모정렬, 남효재량

1. 여자(女子)는 정조(貞操)를 굳게 지키고 행실(行實)을 단정(端正)하게 해야 함. 남자(男子)는 재능(才能)을 닦고 어진 것을 본받아야 함.

○ 知過必改, 得能莫忘 지과필개, 득능막망

1. 누구나 허물이 있는 것이니, 허물을 알면 즉시(卽時) 고쳐야 함. 사람으로써 알아야 할 것을 배운 후(後)에는 잊지 않도록 노력(努力)하여야 함.

○ 罔談彼短, 靡恃己長 망담피단, 미시기장

1. 자기(自己)의 단점(短點)을 말하지 않는 동시(同時)에 남의 잘못을 욕하지 말아야 함. 자신(自身)의 특기(特技)를 믿고 자랑하지 말아야 함.

○ 信使可覆, 器欲難量 신사가복, 기욕난량

1. 믿음은 움직일 수 없는 진리(眞理)이고, 또한 남과의 약속(約束)은 지켜야 함. 사람의 기량(器量)은 깊고 깊어서 헤아리기 어려움.

○ 墨悲絲染, 詩讚羔羊 묵비사염, 시찬고양

1. 흰 실에 검은 물이 들면 다시 희지 못함을 슬퍼함. 즉 사람도 매사(每事)를 조심(操心)하여야 함. ≪시전(詩傳)≫ 고양편(羔羊編)에 문왕(文王)의 덕(德)을 입은 남국(南國) 대부(大夫)의 정직(正直)함을 칭찬(稱讚)하였으니 사람의 선악(善惡)을 말한 것임.

○ 景行維賢, 克念作聖 경행유현, 극념작성

1. 행실(行實)을 훌륭하게 하고 당당(堂堂)하게 행(行)하면 어진 사람이 됨. 성인(聖人)의 언행(言行)을 잘 생각하여 수양(修養)을 쌓으면, 자연(自然)스럽게 성인(聖人)이 됨.

○ 德建名立, 形端表正 덕건명립, 형단표정

1. 항상(恒常) 덕(德)을 가지고 세상일(世上-)을 행(行)하면 자연(自然)스럽게 이름도 서게 됨. 몸의 형상(形象·形像)이 단정(端正)하고 깨끗하면 마음도 바르며 또 겉으로도 나타남.

○ 空谷傳聲, 虛堂習聽 공곡전성, 허당습청

1. 산골짜기에서 크게 소리치면 그대로 전(傳)함. 즉 악(惡)한 일을 당(當)하게 됨. 빈 방에서 소리를 내면 울려서 다 들림. 즉 착한 말을 하면 천(千) 리(里) 밖에서도 응(應)함.

○ 禍因惡積, 福緣善慶 화인악적, 복연선경

1. 재앙(災殃)은 악(惡)을 쌓음에 인(因)한 것이므로, 재앙(災殃)을 받는 이는 평소(平素)에 악(惡)을 쌓았기 때문임. 복(福)은 착한 일에서 오는 것이니, 착한 일을 하면 경사(慶事)가 옴.

○ 尺璧非寶, 寸陰是競 척벽비보, 촌음시경

1. 지름이 한 자나 되는 보옥(寶玉)도 시간(時間)에 비하면 보배라고 할 수 없음. 한 자 되는 구슬보다도 잠깐의 시간(時間)이 더욱 귀중(貴重)하니 시간(時間)을 아껴야 함.

○ 資父事君, 日嚴與敬 자부사군, 왈엄여경

1. 아버지를 자료(資料)로 하여 임금을 섬길지니, 아버지 섬기는 효도(孝道)로 임금을 섬겨야 함. 임금을 대하는 데는 엄숙(嚴肅)함과 공경(恭敬)함이 있어야 함.

○ 孝當竭力, 忠則盡命 효당갈력, 충칙진명

1. 부모(父母)를 섬길 때에는 마땅히 힘을 다하여야 함. 충성(忠誠)함에는 곧 목숨을 다하니, 임금을 섬기는 데 몸을 사양(辭讓)해서는 안됨.

○臨深履薄, 夙興溫凊 임심이박, 숙흥온청

1. 깊은 곳에 임하 듯하며 얇은 데를 밟듯이 세심히 주의(注意)하여야 함. 일찍 일어나서 추우면 덥게, 더우면 서늘케 하는 것이 부모(父母) 섬기는 절차(節次)임.

○ 似蘭斯馨, 如松之盛 사란사형, 여송지성

1. 난초(蘭草)같이 꽃다우니 군자(君子)의 지조(志操)를 비유(比喩·譬喻)한 것임. 솔 나무같이 푸르러 성(盛)함은 군자(君子)의 절개(節槪·節介)를 말한 것임.

○ 川流不息, 淵澄取暎 천류불식, 연징취영

1. 내가 흘러 쉬지 아니하니, 군자(君子)의 행동거지(行動擧止)를 말한 것임. 못이 맑아서 비치니, 군자(君子)의 마음을 말한 것임.

○ 容止若思, 言辭安定 용지약사, 언사안정

1. 행동(行動)을 덤비지 말고 형용(形容)과 행동거지(行動擧止)를 조용히 생각하는 침착(沈着)한 태도(態度)를 가져야 함. 태도(態度)만 침착(沈着)할 뿐 아니라 말도 안정(安定)케 하며 쓸데없는 말을 삼감.

○ 篤初誠美, 愼終宜令 독초성미, 신종의령

1. 무엇이든지 처음에 성실(誠實)하고 신중(愼重)히 하여야 함. 처음 뿐만 아니라 끝맺음도 좋아야 함.

○ 榮業所基, 籍甚無竟 영업소기, 적심무경

1. (이상(以上)과 같이 잘 지키면)번성(蕃盛·繁盛)하는 기본(基本)이 됨. 뿐만 아니라 자신(自身)의 명예(名譽)스러운 이름이 길이 전(傳)하여질 것임.

○ 學優登仕, 攝職從政 학우등사, 섭직종정

1. 배운 것이 넉넉하면 벼슬에 오를 수 있음. 벼슬을 잡아 정사(政事)를 좇으니 국가(國家) 정사(政事)에 종사(從事)함.

○ 存以甘棠, 去而益詠 존이감당, 거이익영

1. 주(周)나라 소공(召公)이 남국(南國)의 아가위나무 아래에서 백성(百姓)을 교화(敎化)했음. 소공(召公)이 죽은 후(後) 남국(南國)의 백성(百姓)이 그의 덕(德)을 추모(追慕)하여 감당시(甘棠詩)를 읊었음.

○ 樂殊貴賤, 禮別尊卑 악수귀천, 예별존비

  1. 풍류(風流)는 귀천(貴賤)이 다르니, 천자(天子)는 팔일무(八佾舞), 제후(諸侯)는 육일무(六佾舞), 사대부(士大夫)는 사일무(四佾舞), 서민(庶民)은 이일무(二佾舞)임. 예도(禮度)에 존비(尊卑)의 분별(分別)이 있으니 군신(君臣), 부자(父子), 부부(夫婦), 장유(長幼), 붕우(朋友)의 차별(差別)이 있음.

○ 上和下睦, 夫唱婦隨 상화하목, 부창부수

  1. 위에서 사랑하고 아래에서 공경(恭敬)함으로써 화목(和睦)이 됨. 남편(男便)이 주장(主將)하고 아내가 이에 따름.

○ 外受傅訓, 入奉母儀 외수부훈, 입봉모의

  1. 8세(八歲)면 바깥 스승의 가르침을 받아야 함. 집에 들어서는 어머니를 받들어 종사(從事)해야 함.

○ 諸姑伯叔, 猶子比兒 제고백숙, 유자비아

  1. 고모(姑母), 백부(伯父), 숙부(叔父) 등(等) 집안 내의 친척(親戚) 등(等)을 말함. 조카들도 자기(自己)의 아이들과 같이 취급(取扱)하여야 함.

○ 孔懷兄弟, 同氣連枝 공회형제, 동기연지

  1. 형제(兄弟)는 서로 사랑하여 의좋게 지내야 함. 형제(兄弟)는 부모(父母)의 기운(氣運)을 같이 받았으니 나무의 가지와 같음.

○ 交友投分, 切磨箴規 교우투분, 절마잠규

  1. 벗을 사귈 때에는 서로가 분에 맞는 사람끼리 사귀어야 함. 열심히 닦고 배워서 사람으로서의 도리(道理)를 지켜야 함.

○ 仁慈隱惻, 造次弗離 인자은측, 조차불리

  1. 어진 마음으로 남을 사랑하고 또는 이를 측은(惻隱)히 여겨야 함. 남을 위(爲)한 동정심(同情心)을 잠시(暫時)라도 잊지 말고 항상(恒常) 가져야 함.

○ 節義廉退, 顚沛匪虧 절의염퇴, 전패비휴

1. 청렴(淸廉)과 절개(節槪·節介)와 의리(義理)와 사양(辭讓)함과 물러감은 늘 지켜야 함. 엎드려지고 자빠져도 이지러지지 않으니 용기(勇氣)를 잃지 않아야 함.

○ 性靜情逸, 心動神疲 성정정일, 심동신피

1. 성품(性品)이 고요하면 뜻이 편안(便安)하니 고요함은 천성(天性)이요, 동작(動作)함은 인정(人情)임. 마음이 움직이면 신기(身氣)가 피곤(疲困)하니 마음이 불안(不安)하면 신기(身氣)가 불편(不便)함.

○ 守眞志滿, 逐物意移 수진지만, 축물의이

1. 사람의 도리(道理)를 지키면 뜻이 가득 차고, 군자(君子)의 도(道)를 지키면 뜻이 편안(便安)함. 마음이 불안(不安)함은 욕심(慾心)이 있어서 그러함. 너무 욕심(慾心) 내면 마음도 변함.

○ 堅持雅操, 好爵自操 견지아조, 호작자미

1. 맑은 절조(節操)를 굳게 가지고 있으면 나의 도리(道理)를 극진(極盡)히 하는 것임. 스스로 벼슬을 얻게 되니 찬작(鑽灼)을 극진(極盡)히 하면 인작(人爵)이 스스로 이르게 됨.

○ 都邑華夏, 東西二京 도읍화하, 동서이경

1. 도읍(都邑)은 왕성(王城)의 지위(地位)를 말한 것이고, 화하(華夏)는 당시(當時) 중국(中國)을 지칭(指稱)하던 말임. 동(東)과 서(西)에 두 서울이 있으니, 동경(東京)은 낙양(洛陽)이고 서경(西京)은 장안(長安)임.

○ 背邙面洛, 浮渭據涇 배망면락, 부위거경

1. 동경(東京)은 북(北)에 북망산(北邙山)이 있고, 낙양(洛陽)은 남(南)에 낙수(洛水)가 있음. 위수(渭水)에 뜨고 경수(涇水)를 눌렀으니, 장안(長安)은 서북(西北)에 위수(渭水), 경수(涇水), 두 물이 있음.

○ **宮殿盤鬱, 樓觀飛驚 궁전반울, 누관비경**

1. 궁전(宮殿)은 울창한 나무 사이에 서린 듯 위치(位置)함. 궁전(宮殿) 가운데 있는 물견대(物見臺)는 높아서 올라가면 나는 듯하여 놀람.

○ **圖寫禽獸, 畫彩仙靈 도사금수, 화채선령**

1. 궁전(宮殿) 내부(內部)에는 유명(有名)한 화가(畵家)들이 그린 그림 조각 등(等)으로 장식(裝飾)되어 있음. 신선(神仙)과 신령(神靈)의 그림도 화려(華麗)하게 채색(彩色)되어 있음.

○ **丙舍傍啓, 甲帳對楹 병사방계, 갑장대영**

1. 병사(丙舍) 곁에 통로(通路)를 열어 궁전(宮殿) 내(內)를 출입(出入)하는 사람들의 편리(便利)를 도모(圖謀)했음. 아름다운 갑장(甲帳)이 기둥을 대하였으니, 동방삭(東方朔)이 갑장(甲帳)을 지어 임금이 잠시(暫時) 정지(停止)하는 곳임.

○ **肆筵設席, 鼓瑟吹笙 사연설석, 고슬취생**

1. 자리를 베풀고 돗자리를 베푸니 연회(宴會)하는 좌석(座席)임. 비파(琵琶)를 치고 저를 부니 잔치하는 풍류(風流)임.

○ **陞階納陛, 弁轉疑星 승계납폐, 변전의성**

1. 문무백관(文武百官)이 계단(階段)을 올라 임금께 납폐(納陛)하는 절차(節次)임. 많은 사람들의 관(冠)에서 번쩍이는 구슬이 별안간 의심(疑心)할 정도(程度)임.

○ **右通廣內, 左達承明 우통광내, 좌달승명**

1. 오른편에 광내(廣內)가 통(通)하니 광내(廣內)는 나라 비서(祕書)를 두는 집임. 왼편에 승명(承明)이 사무치니, 승명(承明)은 사기(史記)를 교열(校閱)하는 집임.

○ **旣集墳典, 亦聚群英 기집분전, 역취군영**

1. 이미 분(墳)과 전(典)을 모았으니, 삼황(三皇)의 글은 삼분(三墳)이요, 오제(五帝)의 글은 오전(五典)임. 또한 여러 영웅(英雄)을 모으니, 분전(墳典)을 강론(講論)하여 치국(治國)하는 도(道)를 밝힘임.

○ 杜稾鐘隷, 漆書壁經 두고종례, 칠서벽경

1. 초서(草書)를 처음으로 쓴 두고(杜稾)와 예서(隷書)를 쓴 종례(鐘隷)의 글로 비치(備置)되어 있음. 한(漢)나라 영제(靈帝)가 돌벽에서 발견(發見)한 서골과 공자(孔子)가 발견(發見)한 육경(六經)도 비치(備置)되어 있음.

○ 府羅將相, 路夾槐卿 부라장상, 노협괴경

1. 마을 좌우(左右)에 장수(將帥)와 정승(政丞)이 벌려 있음. 길에 고위(高位) 고관(高官)인 삼공구경(三公九卿)의 마차가 열지어 궁전(宮殿)으로 들어가는 모습.

○ 戶封八縣, 家給千兵 호봉팔현, 가급천병

1. 한(漢)나라가 천하(天下)를 통일(統一)하고 여덟 고을 민호(民戶)를 주어 공신(功臣)을 봉(封)함. 제후(諸侯) 나라에 일천 군사(軍士)를 주어 그의 집을 호위(護衛)시킴.

○ 高冠陪輦, 驅轂振纓 고관배련, 구곡진영

1. 높은 관을 쓰고 연을 모시니 제후(諸侯)의 예로 대접(待接)함. 수레를 몰며 갓끈이 떨치니 임금 출행(出行)에 제후(諸侯)의 위엄(威嚴)이 있음.

○ 世祿侈富, 車駕肥輕 세록치부, 거가비경

1. 대대(代代)로 녹이 사치(奢侈)하고 부하니 제후(諸侯) 자손(子孫)이 세세 관록이 무성(茂盛)함. 수레의 말은 살찌고 몸의 의복(衣服)은 가볍게 차려져 있음.

○ 策功茂實, 勒碑刻銘 책공무실, 늑비각명

1. 공(功)을 꾀함에 무성(茂盛)하고 충실(充實)함. 비를 세워 이름을 새겨서 그 공을 찬양(讚揚)하며 후세(後世)에 전(傳)함.

○ 磻溪伊尹, 佐時阿衡　　반계이윤, 좌시아형

1. 주문왕(周文王)은 반계(磻溪)에서 강태공(姜太公)을 맞고, 은왕(殷王)은 신야(莘野)에서 이윤(伊尹)을 맞이함. 때를 돕는 아형(阿衡)이니 아형(阿衡)은 상(商)나라 재상(宰相)의 칭호(稱號)임.

○ 奄宅曲阜, 微旦孰營 엄택곡부, 미단숙영

1. 주공(周公)이 큰 공(功)이 있는 고로, 백금(伯禽)을 노(魯)나라에 봉건(封建)한 후(後) 곡부(曲阜)에다 궁전(宮殿)을 세움. 주공(周公)인 단(旦)이 아니면 어찌 큰 궁전(宮殿)을 세웠으리오.

○ 桓公匡合, 濟弱扶傾 환공광합, 제약부경

1. 제(齊)나라 환공(桓公)은 바르게 하고 모두었으니 초(楚)를 물리치고 난을 바로잡음. 약한 나라를 구제(救濟)하고 기울어지는 제신(諸臣)을 도와서 붙들어 줌.

○ 綺回漢惠, 說感武丁 기회한혜, 열감무정

1. 한(漢)나라 네 현인(賢人)의 한 사람인 기(綺)가 한(漢)나라 혜제(惠帝)를 회복(回復)시킴. 부열(傅說)이 들에서 역사(役事)하며 무정(武丁)의 꿈에 감동(感動)되어 곧 정승(政丞)에 됨.

○ 俊乂密勿, 多士寔寧 준예밀물, 다사식녕

1. 준걸(俊傑)과 재사(才士)가 조정(朝廷)에 모여 빽빽함. 준걸(俊傑)과 재사(才士)가 조정(朝廷)에 많으니 국가(國家)가 태평(太平)함.

○ 晉楚更霸, 趙魏困橫 진초갱패, 조위곤횡

1. 진(晉)과 초(楚)가 다시 으뜸이 되니, 진문공(晉文公), 초장왕(楚莊王)이 패왕(覇王)이 됨. 조(趙)와 위(魏)는 횡(橫)에 곤(困)하니, 육군(六群) 때에 진(秦)나라를 섬기자 함을 횡(橫)이라 함.

○ 假道滅虢, 踐土會盟 가도멸괵, 천토회맹

1. 길을 빌려 괵국(虢國)을 멸(滅)하니, 진헌공(晉獻公)이 우국길을 빌려 괵국(虢國)을 멸(滅)함. 진(晉)나라 문공(文公)이 제후(諸侯)를 천토(踐土)에 모아, 주(周)나라의 천자(天子)를 공경(恭敬)하고 조공(朝貢)할 것을 맹세(盟誓)함.

○ 何遵約法, 韓弊煩刑 하준약법, 한폐번형

1. 소하(蕭荷)는 한고조(漢高祖)와 더불어 약법삼장(約法三章)을 정(定)하여 준행(遵行)함. 한비(韓非)는 진왕(晉王)을 달래 형벌(刑罰)을 펴다가 그 형벌(刑罰)에 죽음.

○ 起翦頗牧, 用軍最精 기전파목, 용군최정

1. 백기(白起)와 왕전(王剪)은 진(秦)나라 장수(將帥)요, 염파(廉頗)와 이목(李牧)은 조(趙)나라 장수(將帥)임. 군사(軍士) 쓰기를 가장 정결(精潔)히 함.

○ 宣威沙漠, 馳譽丹靑 선위사막, 치예단청

1. 장수(將帥)로서 그 위엄(威嚴)은 멀리 사막(沙漠)에까지 퍼짐. 그 이름은 생전(生前) 뿐 아니라 죽은 후(後)에도 전(傳)하기 위(爲)하여 초상(肖像)을 그린 비각(碑閣)에 그림.

○ 九州禹跡, 百郡秦幷 구주우적, 백군진병

1. 하우씨(夏禹氏)가 구주(九州)를 분별(分別)하니 기(冀)·연(兗)·청(靑)·서(徐)·형(荊)·양(揚)·예(豫)·양(梁)·옹(雍)이 구주(九州)임. 진시황(秦始皇)이 천하(天下)를 봉군(封郡)하는 법(法)을 폐(廢)하고 일백군(100郡)을 둠.

○ 嶽宗恒岱, 禪主云亭 악종항대, 선주운정

1. 오악(五嶽)은 동(東) 태산(泰山), 서(西) 화산(華山), 남(南) 형산(衡山), 북(北) 항산(恒山), 중(中) 숭산(嵩山)이니, 항산(恒山)과 태산(泰山)이 조종(祖宗)임. 운(云)과 정(亭)은 천자(天子)를 봉선(封禪)하고 제사(祭祀)하는 곳이니, 운정(云亭)은 태산(泰山)에 있음.

○ 鴈門紫塞, 鷄田赤城 안문자색, 계전적성

1. 기러기가 북으로 가는 고로 안문(雁門)이라 했고, 흙이 붉은 고로 자색(紫塞)이라 함. 계전(鷄田)은 웅주(熊州)에 있는 고을이고, 적성(赤城)은 기주에 있는 고을임.

○ 昆池碣石, 鉅野洞庭 곤지갈석, 거야동정

1. 곤지(昆池)는 운남 곤명현(昆明縣)에 있고, 갈석(碣石)은 부평현(富平縣)에 있음. 거야(鉅野)는 태산(泰山) 동편에 있는 광야(廣野), 동정(洞庭)은 호남성(湖南省)에 있는 중국(中國) 제1(第一)의 호수(湖水)임.

○ 曠遠綿邈, 巖岫杳冥 광원면막, 암수묘명

1. 산, 벌판, 호수(湖水) 등(等)이 아득하고 멀리 그리고 널리 줄지어 있음을 말함. 큰 바위와 메 뿌리가 묘연(渺然)하고 아득함을 말함.

○ 治本於農, 務玆稼穡 치본어농, 무자가색

1. 다스리는 것은 농사(農事)를 근본(根本)으로 하니, 중농(重農) 정치(政治)를 이름. 때맞춰 심고 힘써 일하며 많은 수익(收益)을 거둠.

○ 俶載南畝, 我藝黍稷 숙재남묘, 아예서직

1. 비로소 남양의 밭에서 농작물(農作物)을 배양(培養)함. 나는 기장과 피를 심는 일에 열중(熱中)함.

○ 稅熟貢新, 勸賞黜陟 세숙공신, 권상출척

1. 곡식(穀食)이 익으면 부세(負稅)하여 국용(國用)을 준비(準備)하고, 신곡(新穀)으로 종묘(宗廟)에 제사(祭祀)를 올림. 농민(農民)의 의기(義氣)를 앙양(昂揚)키 위(爲)하여 열심인 자는 상 주고, 게으리한 자는 출척(黜陟)함.

○ 孟軻敦素, 史魚秉直 맹가돈소, 사어병직

1. 맹자(孟子)는 그 모친(母親)의 교훈(敎訓)을 받아 자사(子思) 문하(門下)에서 배움. 사어(史魚)라는 사람은 위(魏)나라 태부(太傅·大傅)였으며, 그 성격(性格)이 매우 강직(剛直)했음.

○ 庶幾中庸, 勞謙謹勅 서기중용, 노겸근칙

1. 어떠한 일도 한쪽으로 기울어지게 일하면 안됨. 근로(勤勞)하고 겸손(謙遜)하며 삼가고 신칙(申飭)하면 중용(中庸)의 도(道)에 이름.

○ 聆音察理, 鑑貌辨色 영음찰리, 감모변색

1. 소리를 듣고 그 거동(擧動)을 살피니, 조그마한 일이라도 주의(注意)하여야 함. 모양(模樣)과 거동(擧動)으로 그 마음속을 분별(分別)할 수 있음.

○ 貽厥嘉猷, 勉其祗植 이궐가유, 면기지식
   1. 도리(道理)를 지키고 착함으로 자손(子孫)에 좋은 것을 끼쳐야 함. 착한 것으로 자손(子孫)에 줄 것을 힘써야 좋은 가정(家庭)을 이룰 것임.

○ 省躬譏誡, 寵增抗極 성궁기계, 총증항극
   1. 나무람과 경계(警戒)함이 있는가 염려(念慮)하며 몸을 살펴야 함. 총애(寵愛)가 더할수록 교만(驕慢)한 태도(態度)를 부리지 말고 더욱 조심(操心)하여야 함.

○ 殆辱近恥, 林皐幸卽 태욕근치, 임고행즉
   1. 총애(寵愛)를 받는다고 욕된 일을 하면 머지 않아 위태(危殆)함과 치욕(恥辱)이 옴. 부귀(富貴)할지라도 검소(儉素)하여 산간(山間) 수풀에서 편히 지내는 것도 다행(多幸)한 일임.

○ 兩疏見機, 解組誰逼 양소견기, 해조수핍
   1. 한(漢)나라의 소광과 소수는 기틀을 보고 상소(上疏)하고 낙향(落鄕)함. 관의 끈을 풀어 사직(辭職)하고 돌아가니 누가 핍박(逼迫)하리오.

○ 索居閑處, 沈默寂寥 색거한처, 침묵적요
   1. 퇴직(退職)하여 한가(閑暇)한 곳에서 세상(世上)을 보냄. 세상(世上)에 나와서 교제(交際)하는 데도 언행(言行)에 침착(沈着)해야 함.

○ 求古尋論, 散慮逍遙 구고심론, 산려소요
   1. 예(禮)를 찾아 의논(議論)하고 고인(古人)을 찾아 토론(討論)함. 세상일(世上-)을 잊어버리고 자연(自然) 속에서 한가(閑暇)하게 즐김.

○ 欣奏累遣, 感謝歡招 흔주누견, 척사환초
   1. 기쁨은 아뢰고 더러움은 보냄. 심중(心中)의 슬픈 것은 없어지고 즐거움만 부른 듯이 오게 됨.

○ 渠荷的歷, 園莽抽條 거하적력, 원망추조

   1. 개천의 연꽃도 아름다우니 향기(香氣)를 잡아볼 만함. 동산의 풀은 땅속 양분(養分)으로 가지가 뻗고 크게 자람.

○ 枇杷晚翠, 梧桐早凋 비파만취, 오동조조

1. 비파나무는 늦은 겨울에도 그 빛은 푸름. 오동잎(梧桐-)은 가을이 면 다른 나무보다 먼저 마름.

○ 陳根委翳, 落葉飄颻 진근위예, 낙엽표요

   1. 가을이 오면 오동(梧桐) 뿐 아니라 고목(古木)의 뿌리는 시들어 마름. 가을이 오면 낙엽(落葉)이 펄펄 날리며 떨어짐.

○ 遊鯤獨運, 凌摩絳霄 유곤독운, 능마강소

   1. 곤어(鯤魚)는 북해(北海)의 큰 고기이며 홀로 창해(蒼海)를 헤엄쳐 놂. 곤어(鯤魚)가 봉새(鳳-)로 변(變)하여 한 번 날면 구천(九天)에 이르니, 사람의 운수(運數)를 말함.

○ 耽讀翫市, 寓目囊箱 탐독완시, 우목낭상

   1. 한(漢)나라의 왕충은 독서(讀書)를 즐겨 서점에 가서 탐독(耽讀)했음. 왕충이 한번 읽으면 잊지 아니하여 글을 주머니나 상자(箱子)에 둠과 같다고 했음.

○ 易輶攸畏, 屬耳垣牆 이유유외, 속이원장

   1. 매사(每事)를 소홀(疏忽)히 하고 경솔(輕率)함은 군자(君子)가 진실(眞實)로 두려워하는 바임. 담장(-牆)에도 귀가 있다는 말과 같이 경솔(輕率)히 말하는 것을 조심(操心)함.

○ 具膳飧飯, 適口充腸 구선손반, 적구충장

   1. 반찬(飯饌)을 갖추고 밥을 먹음. 훌륭한 음식(飮食)이 아니라도 입에 맞으면 배를 채움.

○ **飽飫烹宰, 饑厭糟糠 포어팽재, 기염조강**
   1. 배 부를 때에는 아무리 좋은 음식(飲食)이라도 그 맛을 모름. 반대(反對)로 배가 고플 때에는 겨와 재강도 맛있게 되는 것임.

○ **親戚故舊, 老少異糧 친척고구, 노소이량**
   1. 친(親)은 동성지친(同姓之親)이고 척(戚)은 이성지친(異姓之親)이요, 고구(故舊)는 오랜 친구(親舊)를 말함. 늙은이와 젊은이의 식사(食事)가 다름.

○ **妾御績紡, 侍巾帷房 첩어적방, 시건유방**
   1. 남자(男子)는 밖에서 일하고, 여자(女子)는 안에서 길쌈을 함. 유방(帷房)에서 모시고 수건을 받드니 처첩(妻妾)이 하는 일임.

○ **紈扇圓潔, 銀燭煒煌 환선원결, 은촉위황**
   1. 흰 비단(緋緞)으로 만든 부채는 둥글고 깨끗함. 은촛대의 촛불은 빛나서 휘황찬란(輝煌燦爛)함.

○ **晝眠夕寐, 藍筍象牀 주면석매, 남순상상**
   1. 낮에 낮잠 자고 밤에 일찍 자니 한가(閑暇)한 사람의 일임. 푸른 대순과 코끼리 상이니, 즉 한가(閑暇)한 사람의 침대(寢臺)임.

○ **絃歌酒讌, 接杯擧觴 현가주연, 접배거상**
   1. 거문고를 타며 술과 노래로 잔치함. 작고 큰 술잔을 서로 주고받으며 즐기는 모습임.

○ **矯手頓足, 悅豫且康 교수돈족, 열예차강**
   1. 손을 들고 발을 두드리며 춤을 춤. 이상(以上)과 같이 마음 편히 즐기고 살면 단란한 가정(家庭)임.

○ **嫡後嗣續, 祭祀蒸嘗 적후사속, 제사증상**
   1. 적자(嫡子)된 자, 즉 장남(長男)은 뒤를 계승(繼承)하여 대(代)를 이룸. 제사(祭祀)하되 겨울 제사(祭祀)는 증(蒸)이라 하고 가을 제사(祭祀)는 상(嘗)이라 함.

○ 稽顙再拜, 悚懼恐惶

계상재배, 송구공황

1. 이마를 조아려 선조(先祖)에게 두 번 절함. 송구(悚懼)하고 공황(恐惶)하니 엄중(嚴重), 공경(恭敬)함이 지극(至極)함.

○ 牋牒簡要, 顧答審詳 전첩간요, 고답심상

1. 글과 편지(便紙)는 간략(簡略)함을 요함. 편지(便紙)의 회답(回答)도 자세(仔細)히 살펴 써야 함.

○ 骸垢想浴, 執熱願涼 해구상욕, 집열원량

1. 몸에 때가 끼면 목욕(沐浴)하기를 생각함. 더우면 서늘하기를 원함.

○ 驢騾犢特, 駭躍超驤 여라독특, 해약초양

1. 나귀와 노새와 송아지, 즉 가축(家畜)을 말함. 뛰고 달리며 노는 가축(家畜)의 모습을 말함.

○ 誅斬賊盜, 捕獲叛亡 주참적도, 포획반망

1. 역적(逆賊)과 도적(盜賊)을 베어 물리침. 배반(背反)하고 도망(逃亡)하는 자(者)를 잡아 죄(罪)를 다스림.

○ 布射僚丸, 嵇琴阮嘯 포사요환, 혜금완소

1. 한(漢)나라 여포(呂布)는 화살을 잘 쐈고, 웅의료(熊宜僚)는 탄자(彈子)를 잘 던졌음. 위국(衛國) 혜강(嵇康)은 거문고를 잘 타고, 완적(玩籍)은 휘파람을 잘 불었음.

○ 恬筆倫紙, 鈞巧任釣 염필륜지, 균교임조

1. 진국 몽염(蒙恬)은 토끼털로 처음 붓을 만들었고, 후한(後漢) 채륜(蔡倫)은 처음 종이를 만들었음. 위국(衛國) 마균(馬鈞)은 지남거(指南車)를 만들고, 전국시대(戰國時代) 임공자(任公子)는 낚시를 만들었음.

○ **釋紛利俗, 竝皆佳妙 석분이속, 병개가묘**

1. 이상(以上) 팔인의 재주를 다하여 어지러움을 풀어 풍속(風俗)에 이(利)롭게 함. 모두가 아름다우며 묘한 재주임.

○ **毛施淑姿, 工嚬姸笑 모시숙자, 공빈연소**

1. 모(毛)는 오의 모타라는 여자(女子)이고, 시(施)는 월의 서시(西施)라는 여자(女子)인데, 모두 절세미인(絕世美人)이었음. 이 두 미인(美人)의 웃는 모습이 매우 곱고 아름다움.

○ **年矢每催, 曦暉朗耀 연시매최, 희휘낭요**

1. 화살같이 매양 재촉함. 태양빛(太陽-)과 달빛은 온 세상(世上)을 비추어 만물(萬物)에 혜택(惠澤)을 주고 있음.

○ **璇璣懸斡, 晦魄環照 선기현알, 회백환조**

1. 선기(璿璣)는 천기(天紀)를 보는 기구(器具)이고, 그 기구(器具)가 높이 걸려 도는 것을 말함. 달이 고리와 같이 돌며 천지(天地)를 비치는 것을 말함.

○ **指薪修祐, 永綏吉邵 지신수우, 영수길소**

1. 불타는 나무와 같이 정열(情熱)로 도리(道理)를 닦으면 복(福)을 얻음. 그리고 영구(永久)히 편안(便安)하고 길함이 높음.

○ **矩步引領, 俯仰廊廟 구보인령, 부앙낭묘**

1. 걸음을 바로 걷고 따라서 얼굴도 바르니 위의(威儀)가 당당(堂堂)함. 항상(恒常) 낭묘(廊廟)에 있는 것으로 생각하고 머리를 숙여 예의(禮儀)를 지켜야 함.

○ **束帶矜莊, 徘徊瞻眺 속대긍장, 배회첨조**

1. 의복(衣服)에 주의(注意)하여 단정(端正)히 함으로써 긍지(矜持)를 갖음. 같은 장소(場所)를 배회(徘徊)하며 선후(先後)를 보는 모양(模樣)임.

○ 孤陋寡聞, 愚蒙等誚 고루과문, 우몽등초

1. 하등(下等)의 식견(識見)도 재능(才能)도 없음. 적고 어리석어 몽매(蒙昧)함을 면치 못한다는 것을 말함.

○ 謂語助者, 焉哉乎也 위어조자, 언재호야

1. 어조(語助)라 함은 한문(漢文)의 조사(助辭), 즉 다음의 4글자임. 언재호야(焉哉乎也). 이 네 글자는 어조사(語助辭)임.

5. 의회의원 출마 자격요건

1. 선거후보 등록일 현재 60일 이상 계속하여 주민등록이 등록 되어있는 사람으로 25세 이상이면 누구나 의원선거에 출마할 수 있다
2. 의원이 될 수 있는 자격은 특별히 정하여진 것은 없지만 아래처럼 법령에의해 피선거권이 제한된사람은 의원이 될 수 없다
3. 시민이 선거에 참여할 수 있는 권리를 선거권이라하고, 이와반대로 선거후보로 등록하여 출마할 수 있는 권리를 피선거권이라 한다

● 피선거권 제한된 경우
1. 연령미달 만25세미만인 사람
2. 금치산선고를 받는사람
3. 법적사유

1. 금고이상 형벌의 선고를 받고 선거일현재 그형벌이 실효되지 아니한사람
2. 법원의 판결 또는 다른 법률에 의하여 선거일현재 피선거권이 정지되거나 상실된사람
3. 선거범죄, 정치자금 부정수수죄(정치자금법 제45조) 선거비용관련 위반행위에 관한 벌칙(정치자금법 제49조) 에 규정된 죄를 범한사람
4. 또는 대통령.국회의원 지방의회의원 지방단체의장 으로서 그재임중의 직무와관련하여 수뢰(대한민국 형법 제132조) 알선수재(특정범죄가중처벌 등에 관한법률 제2조 에 의하여 가중처벌되는 경우를 포함한다)
5. 100만원 이상의 벌금형 선고를 받고 그형이 확정된후 선거일 현재 5년을 경과하지 아니한사람
6. 형의 집행유예 선고를받고 그형이 확정된후 선거일현재 10년을 경과하지 아니한사람
7. 징역형의 선고를 받고 그집행을 받지 아니하기로 확정된후 또는 그형의 집행이 종료되거나 면제된후 선거일현재 10년을 경과하지 아니한사람(형이 실효된 사람도포함)

● 의원선출방법

의원은 지역주민 중에서도 투표에 참여할수 있는 사람을 선거권자라 하고 선거권자의 수가

동등하게 구성될수있도록 지역을 정하여 선거구를 만들게 된다

또 투표시 지역구의원외에 선호하는 정당투표를 통하여 선출된의원을 비례대표라한다

● 의원임기

의원으로 선출되어 의회에서 일하는 기간은 4년이다

4년 임기가 끝나면 선거를 실시하여 다음에 일할 의원을 선출하게된다

이를 재임이라하고 지방단체장의 경우 재임은 3회로 제한하고 있으나

지방의회의원은 재임횟수에 제한없다

선거에 선출되면 의원으로 계속 일할 수 있다

● 의원의 의무와소임

1 공공의 이익을 우선하여 양심에따라 직무를 성실히 수행하여야한다
2 청렴의 의무를지며 의원으로서의 품위를 유지하여야한다
3 의원의 지위를 남용하여 자신의 재산상 이익이나 특정인의 이익을 얻도록
해서는 안된다

6. 공직선거법 제6조(기탁큼)

제56조(기탁금) ① 후보자등록을 신청하는 자는 등록신청 시에 후보자 1명마다 다음 각 호의 기탁금(후보자등록을 신청하는 사람이 「장애인복지법」 제32조에 따라 등록한 장애인이거나 선거일 현재 29세 이하인 경우에는 다음 각 호에 따른 기탁금의 100분의 50에 해당하는 금액을 말하고, 30세 이상 39세 이하인 경우에는 다음 각 호에 따른 기탁금의 100분의 70에 해당하는 금액을 말한다)을 중앙선거관리위원회규칙으로 정하는 바에 따라 관할선거구선거관리위원회에 납부하여야 한다. 이 경우 예비후보자가 해당 선거의 같은 선거구에 후보자등록을 신청하는 때에는 제60조의2제2항에 따라 납부한 기탁금을 제외한 나머지 금액을 납부하여야 한다. 〈개정 1997. 11. 14., 2000. 2. 16., 2001. 10. 8., 2002. 3. 7., 2010. 1. 25., 2012. 1. 17., 2020. 3. 25., 2022. 4. 20.〉

1. 대통령선거는 3억원
2. 지역구국회의원선거는 1천500만원
   2의2. 비례대표국회의원선거는 500만원
3. 시·도의회의원선거는 300만원
4. 시·도지사선거는 5천만원
5. 자치구·시·군의 장 선거는 1천만원
6. 자치구·시·군의원선거는 200만원

② 제1항의 기탁금은 체납처분이나 강제집행의 대상이 되지 아니한다.

③ 제261조에 따른 과태료 및 제271조에 따른 불법시설물 등에 대한 대집행비용은 제1항의 기탁금(제60조의2제2항의 기탁금을 포함한다)에서 부담한다. 〈개정 2010. 1. 25.〉

④ 제1항에 따라 장애인 또는 39세 이하의 사람이 납부하는 기탁금의 감액비율은 중복하여 적용하지 아니한다. 〈신설 2022. 4. 20.〉

[2020. 3. 25. 법률 제17127호에 의하여 2016. 12. 29. 헌법재판소에서 헌법불합치 결정된 이 조 제1항 제2호를 개정함.]

7. 자기소개서

7-1 자기소개서

1. 지원동기

　　인재상 이해
　　인재상과 자신의 가치관비교
　　직업에대한자세

2. 성장과정

　　초등고및 대학시절의 생활
　　인생을 살면서 얻은교훈
　　인생교훈과 업무와연관관계

3. 주**요경력및**특기사항

　　연관된경험
　　관련된 자격증
　　관련된교훈

4. 인생관

　　자신의 가치관
　　가치관실천을 통한교훈
　　조직원으로서 자세

6. 기타사항

　　봉사활동경험
　　어려움극복과정
　　특이한 경험이나 상훈

7-2 자서전

자서전(自敍傳, 영어: autobiography, autobio)은 자신의 생애를 소재로 하여 스스로 쓰거나 남에게 구술하여 쓰게 한 전기이다. 전기를 쓰는 전기작가들은 많은 자료에 의존하지만, 자서전은 지은이 스스로의 기억에 의존한다. 사건에 따라, 자료화되지 않은 사실보다 사건의 중심에 있었던 당사자의 기억이 중요할 수도 있다.

비슷한 장르에 회고록이 있으며, 자서전은 아니지만 사실상 자서전적인 성격을 가지고 있는 책도 많다.

유명한 자서전
백범일지
벤자민 프랭클린
마틴 루서 킹
캐서린 그레이엄
알베르트 슈바이처
나의 회고록 (개인보다는 당, 당보다는 국가, 조병옥)
최규하

7-3 이력서

1. 개요[편집]

주로 취업을 목적으로 자신의 정보(학력, 경력, 스펙 등)를 기록하는 서류.

공식적으로 본인이 입사 및 입학 등의 지원 분야와 관련된 무슨 일을 했는 지에 대해 기록하는 문서로 다음과 같은 사항이 기록된다.

각 기업에서는 서류심사의 기준이 된다. 기존에는 종이에 인쇄한 이력서나 주어진 양식에 수기로 채워넣는 방식으로 작성할 수 밖에 없었겠지만 21세기 들어 인터넷이 발달하면서 온라인 이력서가 등장하였다.

이 경우 마이크로소프트 워드나 HWP 등 워드프로세서 또는 회사 측에서 자체적으로 양식을 제작하여 홈페이지 또는 취업포털 사이트에 등록하고 이 곳에 지원자가 직접 채워넣게 만들기도 한다. 지원자는 일일이 필요한 항목을 만드는 번거로움을 줄이면서 요구사항을 명확하게 파악할 수 있고, 모집자는 처음 만들 때 품이 들겠지만 일단 제대로 만들어놓기만 하면 수많은 이력서를 통일된 양식에 따라 분류하고 서버에서 편리하게 처리할 수 있으니 양 측 모두에게 효율적인 방식이다. 기업에 따라 종이 이력서와 온라인 이력서 둘 다 요구하기도 하고, 선택적으로 가능한 곳도 있고 케바케이긴 하지만 종이를 선호하는 곳은 대체로 중소기업 정도이고 대부분 인터넷으로 이력서를 작성한다. 중소기업이라도 IT 계열이랄지 신문명(?)에 예민하게 반응하는 직종은 웬만하면 온라인으로 받는 편이다.

오늘날에는 이직 및 경력직이 보편화된 만큼, 첫 직장에서도 커리어를 잘 쌓아서 이력서를 계속 업그레이드하는 일이 매우 중요해졌다. 굳이 이직이 아니더라도 사내 대형 프로젝트, 정부지원 사업 등에 지원할 일도 많다.

이력서 포맷은 나라 혹은 문화권마다 다 다르다.

대개 편의점이나 문구점에서 구입할 수 있으므로 참고하자. 최근에는 포털사이트 검색을 통해 여러 양식을 쉽게 찾을 수 있으므로, 직접 양식을 다운받아 출력해도 좋다. 물론 기업에서 양식을 제공할 경우, 제공되는 양식에 맞춰 써야 한다.

이력서를 제출하고 면접을 보았는데 합격되지 않았을 경우 제출한 이력서 회수를 요청하기도 한다. 웬만하면 불합격자 이력서는 자체적으로 파기시키는 것이 원칙이나, 단순 아르바이트 지원의 경우 집이랑 가까우면 직접 가서 회수할 수도 있다. 보통 합격될 경우에 신분증과 본인 명의 통장 사본을 제출하는데, 이력서에 주민등록번호같은 민감한 개인정보가 기재되어 있을 경우 개인정보 유출 우려로 인하여 본인이 직접 회수하는 것이 좋다.

2. 한국에서[편집]

사진 : 상당히 논란이 되는 부분이지만, 여전히 많은 기업이 사진을 요구한다. 면접할 때 사진과 인상이 다르면 지적받기 쉽다. 한국에서는 사진을 통해 최소한의 품위 유지를 위해 필요한 성실성이 있는지[3] 보고 싶은 것으로 추정된다. 사진을 변형하는 문제는 면접에서 직접 대면하면서 여부를 확인할 수 있다.

하지만 외국의 경우 이력서에 사진 부착하는 곳은 중국, 일본 빼곤 거의 없다.[4] 일을 할 인력을 뽑는 것이지 외모를 보고 뽑는 것이 아니기 때문… 모델이나 배우처럼 외모 그 자체가 중요한 경우는 이런 이력서가 아니라 프로필 포트폴리오를 활용한다.
출신 학교 : 보통 출신 고등학교, 대학교/대학원을 기재하며 중학교 이하의 학력[5]은 잘 요구되지 않는다. 이 부분도 학교명은 기재하지 않고 전공 정도만 기재하는 것으로 변해가고 있다.
타 회사 근무경력: 인턴 포함
각종 시험 성적표
어학성적: 한국에서는 토익이나 토스, 오픽 등을 제출하는게 일반적이다.
어학연수 기록: 적는 경우도 있겠지만, 학위나 졸업장이 나오는 것이 아니기 때문에 이력으로 보긴 어렵다. 해외로 나갈 일이 많아 외국어 능력이 많이 요구되는 직종이면 몰라도.
보유 자격증 : 일단 어느 정도 직무와 관련성이 있는 자격증은 있는 대로 기재한다. 그렇다면 직무와 관련성이 부족한 자격증도 적느냐 마느냐로 고민하는 취업준비생들이 많은데, 사람인에서 인사담당자들을 대상으로 조사한 결과 직무와 무관한 자격증을 적는 것에 대해 긍정적으로 보는 기업이 많은 것으로 조사되었으나 부정적으로 보는 기업도 적지 않다. 위포트에서는 직무와 무관하더라도 적는 게 좋다는 팁을 제시했다.

병역 : 군필자뿐만 아니라 면제자 모두 작성해야 한다. 간혹 면제사유를 묻는 이상한 곳(주로 똥군기가 심각한 중소기업)도 있다. 원래는 군필이냐 미필이냐 면제냐만을 따지고 기타 면제사유 같은 건 물어서는 안 된다. 지원자들의 프라이버시 보호 때문. 여성의 경우 보통 이 란을 해당없음으로 체크하고 넘어간다. 신검을 아예 안 받았으니 미필이나 면제가 아니다. 아니면 병역 란에 '

남성만 해당' 이라는 부제를 달고 해당없음 칸을 제거하는 경우도 있다.

상훈(or 주요서훈) : 우리나라와 외국 훈장과 포장 그리고 기장과 표창은 자신 즉, 성실함을 인증한다. 가산점을 주는 회사도 있다.

나이 : 한국 기업에서는 다국적 기업을 제외하면 거의 다 요구한다. 나이는 만 나이를 법정기준으로 하기 때문에 만 나이로 적어야 한다. 한국식 나이는 그저 그렇게 관습적으로 불러줄 뿐이지, 법적 효력이 전혀 없다! 즉 고용계약을 할 때 고등학교를 졸업한 만 18세 청소년은 미성년자로 단독계약이 불가능하며 채용요건이 30세 이상인 전문강사 등의 경우도 만 29세이면 지원이 불가하다. 단, 블라인드 채용을 하는 기업에서는 이력서에 나이를 적는 칸이 아예 없으며, 면접관 역시 나이를 물어볼 수 없고, 지원자 또한 나이를 언급하는 것이 금지된다.

가족관계 : 공공기관, 공기업, 공무원, 대기업은 묻지 않으나,[6] 중소기업에선 간혹 묻는 경우가 있다. 취업 포털 등에서 이력서를 제출해도 막상 면접 때 별도의 회사 양식으로 가족관계를 묻는 경우가 많다. 구체적으로 직계 가족이 누가 있는가는 물론이고 나이와 직업, 종교, 거주지까지 묻는 경우도 있다. 사실 인사담당자나 면접관 입장에선 가족에 관한 정보도 참고할 만한 자료이긴 하다.

취미/특기 : 직무 능력과는 별로 관련 없는 경우가 대부분이지만 의외로 요구하는 곳이 많다. 뭐라고 쓰기도 굉장히 애매한데, 막상 면접 때 이걸 가지고 꼬투리 잡는 경우도 있다.

종교 : 중소기업 중에선 종교를 묻는 곳도 있다. 물론 업무 자체가 종교와 관련된 것이라면 물어도 이유가 있겠지만, 전혀 종교와 상관 없는 경우에도 묻는 경우가 있다. 보통 이슬람교 등 일부 눈에 띄는 종교가 아니면, 천주교나 불교나 개신교나 어떻게 써도 별로 꼬투리는 잡히지 않는다. 다만 기독교 회사라면서 대표의 종교를 내세우는 회사의 경우 기독교라고 써도 같은 교파나 같은 교회로 나오라고 강요하는 수도 있다. 그 외에도 종종 일부 기업에서는 주말과 공휴일에도 특근을 권고 혹은 강요 하는 경우[7]가 있기 때문에 기독교같은 경우 주말의 특근을 참여하기 어렵기 때문에 미리 밝혀서 사전에 협의를 하든 그럼에도 주말 출근을 할것을 강요하는 회사라면 다른 회사를 알아보는 쪽으로 하든 좋은 쪽으로 선택하는 것이 좋다.

희망 연봉 : 사실 대부분은 희망 연봉 적어봐야 회사가 주고 싶은대로 준다. 그럼에도 불구하고 이걸 묻는 이유는 회사에서 주려고 하는 금액에 비해 큰 차이로 많이 원하는 사람은 걸러내고, 조금 적게 부르는 사람은 부르는 만큼만 지급하여 돈을 아끼기 위함(…)이다. 무난하게 '회사 내규에 따름'이라고 적어 내도 면접에서 구체적인 액수나 하한선을 묻는 경우가 있다. 공무원은 급여가 법령으로 정해져 있기에 안묻는다. 대기업도 마찬가지.

장애/보훈 여부 : 법으로 정한 부분이 있어 작성을 하는데 대부분 비해당인 사람이 많은 만큼 이 부분을 크게 신경쓰지 않는 편이라 이력서 작성할 때 그런 칸이 있었는지도 모른다. 종이 이력서를 쓴다면, 이런 부분은 점 하나를 찍어 특이사항이 없음을 표시한다.

자기소개서

종이 이력서는 이력서 뒤에 해당 사항들을 증명할 참고자료를 붙이며, 인터넷의 경우 참고자료를 파일로 올리는 경우가 대부분이다.
한국 기업에서도 블라인드 면접을 보는 곳에서는 출신 학교, 나이, 국적, 외모, 어학연수 기록 등을 보지 않는다.

이력서 양식에 주민등록번호를 적어왔지만 2014년 주민등록번호 수집 금지법이 시행됨에 따라서 이력서에 주민등록번호를 적지 않아도 된다. 그래서 주민등록번호를 적지않는 이력서도 등장, 알바몬, 알바천국 아르바이트 중개업체에서도 주민등록번호를 적지 않는 이력서를 제공하기도 한다. 이런 상황에서 주민등록번호를 적는 이력서를 작성하는 취준생들 사이에서는 주민등록번호 뒷자리를 *로 표기하고 면접시 주민등록번호를 요구하면 알려주거나 거부의사를 취한다고 한다. 하지만, 여전히 주민등록번호를 요구하는 기업이 있다고 한다.# 면접 당시에 근거없는 주민등록번호 요구의 경우에는 거부의사를 밝혀도 되지만 대다수의 면접자들이 불이익을 받을 것을 우려하여 알려주는 듯하다. 참고로 회사에서는 면접 당시 주민등록번호를 몰라도 합격시 주민등록등본을 요구해서 주민등록번호를 확인할 수도 있다[8]. 주민등록번호 수집 금지법이 시행되었지만, 이어져왔던 기간이 있어서 면접관들도 면접자들도 이 현상이 바뀌려면 오랜 기간이 걸릴 것으로 보인다.

또한 온라인 이력서 제출에는 글자수가 제한되는 곳이 많아 글자수를 확인하여 입력해야 이력서 제출 시 불이익을 당하지 않는다. 정성스레 작성한 이력서가 잘려서 입력된다면 그간의 수고는 물거품이 되고 말 것이다. 네이버의 글자수를 세어주는 툴을 사용하거나 기타 간단한 글자 수 세기 툴을 사용하여 체크를 한 후에 이력서를 제출해야 한다.
3. 한국 외의 나라[편집]
일반적으로 나이를 적으라는 이력서는 대개 대만, 일본 등 일본식 양식을 따르는 곳들이고, 기타 외국의 경우 생년월일만 적거나 아예 차별이 될 만한 근거를 모두 배제하는 경우도 흔하다.

미국은 나이를 안 적고 생년월일만 적는 대신 지역에 따라[9] 인종을 기입한다. 사진은 특정 직종만 붙인다. 백인, 흑인, 히스패닉, 아시안, 아메리카 원주민, 기타 등으로 나누며 여기에서 맘만

나쁘게 먹으면 인종차별을 할 수 있단 약점이 있다.[10] affirmative action이라는 소수민족 우대 정책의 결과 이 열매는 거의 흑인 및 히스패닉이 먹고 있으며, 아시안과 한 줌의 재 정도인 아메리카 원주민은 늘 채인다. 한마디로 미국에서 동양인이 시민권자 아닌데 취업하긴 매우 어렵고 시민권자도 자주 흑인이나 히스패닉 등 다른 강성 소수민족에 밀린다. 미국식 방식도 악용되면 한도 끝도 없는 묻지마 불합격이 얼마든지 가능하단 점에서 문제가 있다. 특히 사진이 없고 인종을 굳이 안 적어도 성을 보고 딱 보면 이 사람이 동양인이나 히스패닉일거라는거 정도는 알며, 흑인도 이름이 특이한 경우가 많아 금방 걸러내기 쉽다.[11]

반면 영국, 캐나다, 호주, 뉴질랜드, 홍콩, 싱가포르 등 영연방 내진 구 영국령의 경우는 나이도 생년월일도 인종도 안 적고 심지어 사진도 안 붙인다. 말 그대로 차별할 만한 요소를 모두 배제하고 있다고 한다. 또한 홍콩과 싱가포르는 아예 서류에서 차별할 요소가 없으니 서류전형 광탈은 없고 본인의 능력만 우수하다면 면접에서 통과한다. 면접 방식도 한국과는 전혀 다른 방식이다.

하지만 차별하는 것은 역시 한국만은 아니어서, 이름을 보고 인종 등을 미리 알고 서류심사에 영향을 준다는 연구 결과가 있다. 아시아계, 히스패닉, 인디언 등의 성을 가진 경우는 당연히 확 티가 나고, 흑인도 성을 보면 대충 짐작이 가능하기 때문이다. 이는 백인도 마찬가지인데, 성을 보면 대충 혈통(아일랜드계, 프랑스계 등)을 알 수 있다. 이름 역시 인종별로 선호하는 것이 있기 마련. 특히 1980~90년대 흑인들 사이에서 특이한 발음으로 이름을 짓는것이 유행이었는데 이때 태어난 사람들이 상당히 손해를 보고 있다고.

영어 시험 성적표: 다국적 기업에서는 성적표를 요구하지 않는 경우가 많다. 대신에 영어 면접에서 걸러 낸다. 대다수 한국인 지원자들은 토익 학원을 다니며 단어를 외우고 문법을 공부하여 문제 풀이 요령과 스킬을 터득하여 토익 900점을 받는 지원자들이 생각보다 많다. 이 때문에 이미 외국인 임원들은 한국인들의 실제 영어 실력이 토익 점수와 달리 매우 형편없다는 걸 알고 있다.[12] 따라서 토익 점수는 아예 요구하지도 않고 직접 영어 인터뷰를 해서 걸러낸다. 다국적 기업이 상대적으로 인지도나 인기가 낮은 이유가 바로 이렇게 까다로운 외국어 면접 때문. 물론 본인이 모국어도 아닌 외국말로 인터뷰를 통과할 자신이 있으면, 국내 대기업보다 오히려 경쟁이 적으니 들어가기도 쉽고 근무환경도 더 합리적이다.

나이: 다국적 기업의 경우 나이를 쓰지 않는 곳도 많다. 생년월일만 쓰고 자기 경력만 쓰는 방식이며 영어로 이력서 및 자기소개서를 더 쓰라고 요구한다. 참고로 2017년에 코레일에서도 출생월일만을 요구했었다.

중국에서는 민족과 공산당원여부를 기입해야 한다.

4. 기타[편집]

이력서를 뜻하는 영어 단어 Résumé는 diacritic이 들어간 몇 안 되는 영어 단어들 중 하나다. 뜻이 재개하다인 Resume과 헷갈릴 수도 있고, 다른 프랑스어원 단어들과는 달리 어말 e가 유지되는 등 diacritic이 붙었을 때의 발음을 그대로 보존하고 있기 때문이다. 혼동만 되지 않는다면 그냥 resume으로 쓰기도 한다.

2. 경력형 이력서 작성 예문

사 진	이 름	: 김○○
	주민등록번호	: 123456 - 0000000
	본 적	: 광주광역시 ○구 ○○동 ○○번지
	현 주 소	: 광주광역시 ○구 ○○동 ○○번지
	우편번호	: ○○○ － ○○○
	전화번호	: (062) 123-1234
	핸 드 폰	: ○○○ － ○○○ － ○○○○
목 표	Homepage 구축과 관련된 전반적인 실무, 특히 Photoshop, Shade를 사용한 웹디자인의 경험과 영어 능력을 활용할 수 있는 도적적인 직책	
경 력	1999. 2- 현재 홍성데이터통신(공천전산정보처리학원) 입사 1998. 2 용산 전자상가에서 6개월간 근무	
업 적	1997 정보처리기사(한국산업인력관리공단) 자격증 취득 워드프로세스 1급(대한상공회의소) 자격증 취득 인터넷정보검색사 1급(한국정보통신진흥협회) 자격증 취득 **제약회사 홈페이지 제작 과정에서 Adobe Premiere를 이용한 동영상 제작	
훈 련	1999. 5 - 2000. 10 ESL영어 학원에서 Listening & Reading 강좌 프로그램 수료 1998. 10 E4디자인아트스쿨에서 Photoshop, shade 이수 2000. 5 **대학교 Web Master 과정 수료	
학 력	2000. 2 혜전대학 전산정보처리과 졸업 1998. 3 혜전대학 전산정보처리과 입학 1998. 2 가자정보산업고등학교 졸업 1995. 3 가자정보산업고등학교 입학	
기 타	1998. 11 영어 능력 (TOEIC 700점) 1999. 10 1종 보통 운전 면허 취득 1995 - 1996 가자정보산업고등학교 학교장 장학생 선발	

3. 업적형 이력서 작성 예문

사 진	이　름	: 김○○
	주민등록번호	: 123456 - 0000000
	본　적	: 광주광역시 ○구 ○○동 ○○번지
	현 주 소	: 광주광역시 ○구 ○○동 ○○번지
	우편번호	: ○○○ — ○○○
	전화번호	: (062) 123-1234
	핸 드 폰	: ○○○ — ○○○ — ○○○○
목 표	Homepage 구축과 관련된 전반적인 실무, 특히 Photoshop, Shade를 사용한 웹디자인의 경험과 영어 능력을 활용할 수 있는 도적적인 직책	
경 력	1997 정보처리기사(한국 산업 인력 관리 공단) 자격증 취득 　　워드프로세스 1급(대한상공회의소) 자격증 취득 　　인터넷정보검색사 1급(한국정보통신진흥협회) 자격증 취득 　　**제약회사 홈페이지 제작 과정에서 Adobe Premiere를 이용한 　　동영상 제작	
이전업적	1999. 2- 현재 홍성데이터 통신(공천전산정보처리학원) 입사 1998. 2　용산 전자상가에서 6개월간 근무	
학 력	2000. 2 혜전대학 전산정보처리과 졸업 1998. 3 혜전대학 전산정보처리과 입학 1998. 2 가자정보산업고등학교 졸업 1995. 3 가자정보산업고등학교 입학	
훈 련	1999. 5 - 2000. 10 ESL영어 학원에서 Listening & Reading 강좌 　　　　　　　　프로그램 수료 1998. 10　E4 디자인 아트스쿨에서 Photoshop, shade 이수 2000. 5　**대학교 Web Master 과정 수료	
추 천 인	홍성데이터 통신(공천전산정보처리학원) 왕준수 원장 E4 디자인아트스쿨 정만로 원장	

7-4 영문이력서

우선 영문이력서 양식은 크게 4가지 항목으로 구성되어 있는데요.
하나씩 살펴보겠습니다.
영문이력서 양식에 가장 먼저 Objective라고 해서 지원동기를 적는 칸이 있습니다.

해당 항목에는 지원한 직무와 관련하여 어떤 경험과 기술이 있으며 이러한 경험과 기술을 보유하고 있기 때문에 해당 직무에 지원했다는 지원 자격을 어필해야하는데요.

즉 영문이력서 작성법 첫 번째, 지원동기의 경우 해당 직무의 역량과 관련하여 본인의 장점, 경험, 기술을 적으시면 됩니다. 그리고 지원한 직무에 대한 어떤 목표를 가지고 있는지에 대해 해당 영문이력서 양식에 작성해야 하는데요.
이는 커리어에 대한 목표 또는 포부를 뜻합니다.
커리어의 목표를 언급함으로써 본인의 장점, 경험, 기술을 해당 회사/직무에 기여하고 싶다는 의지와 관심을 표현할 수 있습니다.

영문이력서 양식 두 번째는 학력을 기재하는 건데요.
해당 항목에는 대학명과 전공명, 입학 연도와 졸업연도를 기재합니다.
추가로 해당 영문이력서 양식에는
교환학생이나 어학연수 경험이라던가 외국어 실력을 증명할 수 있는 증명서, 학교 과제, 교내 활동, 대외활동 등도 적을 수 있습니다.
학력 영문이력서 작성법은 예를 들어 경영지원 부서에 지원한다면 경영지원과 관련된 과제를 한 경험이나 관련 기술을 배웠다면 그 기술에 관해 적습니다.

영문이력서 양식 세 번째, 스킬 항목에는 자신이 보유한 기술과 능력에 대해 기재합니다. 이때 기술이란 직무와 관련하여 다룰 수 있는 디자인 툴 프로그램이나 프로그래밍 언어, 웹 개발 프로그램 등을 말합니다.
그 외에 의사소통, 리더십, 팀워크, 문제해결 능력도 영문이력서 양식 기술영역에 포함됩니다.

AI혁명과 AI일자리

초판 1쇄 인쇄 2025년 05월 26일
저   자 : 김정수
펴낸곳 : 글로벌
발행인 : 김 정 수
편   집 : 아이스쿨
주   소 : 서울시 강남구 선릉로 704 청담B/D
전화 : 010-8961-2867
팩스 : 0504-017-2867

ISBN 979-11-93186-48-0
정가 10,000원